「文」とは何か

愉しい日本語文法のはなし

橋本陽介

光文社新書

はじめに

文法はエンタメだ

私たちは普段、言葉を使って生きている。言葉を持っているところこそ、人間が人間であり、他の動物とは異なる点である。

とすれば、言葉とは何か。それは私たち人間の本質にかかわる問題だ。

本書は、言葉とは何かという壮大な問いについて考える。

言葉について研究している学問は、言語学である。言語学では言葉について、「文」なるものが基本的な単位と認定されていることが多い。

では「文」とは何か。それを考えるのが「文法」である。本書では、「文法」、それも日本語の「文法」を題材とし、私たちが使っている日本語について理解を深めるとともに、「文」とは何か、言葉とは何かへと迫っていく。

文法は退屈だ、嫌いだ、と拒絶反応を起こす人が少なくない。日本語の文法については、中学や高校で無理やり勉強させられる。なんでこんなことをやっているのか理解できなかった人が多いかもしれない。つまらないうえに、役にも立たない。それが文法の一般的なイメージになってしまっている。

かわいそうだ。

私は言いたい。文法はめちゃくちゃ面白い。エンタメである、と。本書を通じて、知的なエンタメの世界へと、案内したい。

国語の授業はなぜつまらないのか

文法は学校の授業においてとにかく評判が悪い。中でも日本語の文法はそうだ。英語の文法も最近ではやり玉に挙がることがあるけれども、英語を読み書きするためには文法を学ぶことが近道だし、話したり聞いたりするためにだって本当は必要だ。これについてはかなり多くの人に認められているところだろう。

だが、日本語の文法はそうではない。中学の授業で教わった文法をよく理解できていなくてもまったく問題がない。だからそんなものを学ぶよりも、もっと実用的な文章の書き方だとか、読み方だとか、そうしたもののほうが重要だという声が上がるのも無理はない。

では、なぜ国語の授業で習う文法はつまらないのだろうか？

役に立たないからではない。むしろ逆だ。学校で教わった文法というのは、本当は超実用的なのだ。実用的すぎて無味乾燥、カラカラすぎて知的興奮を覚えない。何かに即「役に立つ」というのは、えてしてつまらない。

そんなはずないではないか、役に立った覚えなどない。何の役に立つというのか？

古文の読み書きをするためだ。古文を読み書きするのに、学校文法は非常に有用だ。とりあえずこれだけ学べば、手っ取り早く古文を理解することができる。現代の私たちは古文の読み書きをしなくなったために、有用だと感じられなくなってしまったのである。かわいそうな存在だ。

今、学校で教わっている文法の体系は、戦後すぐから大きくは変わっていない。戦前や戦後すぐは、まだ古文（というかそのころは「文語」と呼ばれていた）の影響力が強かった時代である。話している言葉に近い「口語」ではない「文語」を理解するためには、整理された文法を習ったほうがはやい。**学校の文法とは、古文（文語）を理解するために超実用的に作られているものであって、**それは今でも変わっていない。

実用的すぎて表の暗記ばかり。退屈で無味乾燥。文法の意義すら教わらない。

現代語の文法はというと、これはもっとひどい。古文の**おまけ**みたいなものだ。そもそも古文のための文法をそのまま流用しているものだから、実用的でもないし、面白くもないものになっている。

だが、まったく役に立っていないわけではない。いちおう、主語とか述語とか、修飾語とか、文の構造を学ぶことができる。これを学んであるので、英語などを勉強するのにもちょっとだけ役に立つ。大学等で第二外国語をやるのにもちょっとだけ役に立つ。

だがあくまでちょっとだけだ。英語で教わる文法と、国語の時間に教わった文法は、用語の使い方からしてずれている。これでは英語と日本語の関係性もよくわからない。

もちろん、専門家の間でも学校文法の批判なんて、新しい話題でも何でもない。学校文法は生まれてこの方批判され続けている。戦前に作られた理論なのだから、その後に何十年も行われている言語学の成果をほとんど反映していない。

ではなぜ変えられないのか。一つには、古文学習にとっては依然として有効だということ。

そして、それより大きな問題なのは、文法理論というのは、悪いところをちょっと補修すればいいわけではないという点だ。全面的な建て替えが必要になってしまう。全面改築なんてされた日には、全国の先生方が大混乱に陥ってしまう。

とにかくそんなわけで、学校で教わる文法なるものは、不当にも無味乾燥なうえに役立たずの烙印を押されてしまっているのである。

人間の本質に迫る

というわけで本書は、日本語の文法を出発点とする知的エンターテインメント書籍である。そのスタートとしては、評判が最悪の学校で教わった文法から入る。

そんなのはもう忘れた、と言わないでほしい。あれがいったい何だったのかも、きちんとわかるようにするし、英語との対比も行う。これで日本語の文法についてよくわかるようになるはずだ。

そのうえで、私たちの使っている日本語がどのような言語であるか明らかにしていく。さらに、「文法」の単位である「文」なるものが何なのかを探る。「文」なるものは、人間の本質にかかわる。もしくは、人間の本質を反映しているのが「文」である。知らないでいられようか？

文法はめちゃくちゃ面白い。人間の言葉は面白い。読者にそう思ってもらえれば幸いである。

「文」とは何か／目次

図版作成／椚田祥仁

第一章　「文」とは何かという根源的な問い

宇宙は言葉から始まる

文法とは何か。文法というくらいだから、「文」の「法」、つまり規則みたいなものだということになる。国語の教科書でも、文法の項目で最初に出てくるのは「文」である。その「文」が組み合わさったものを「文章」という。文法というのは「文」を解析するものであり、「文」が最大の単位となると考えられている。だから、文章がわかることと文法がわかることとは別の話だ。

さて、それではいきなり問題。「文」とは何でしょうか？

そんなもの簡単だ。だって「。」という記号がある。「。」から「。」までが「文」だ。

それだけでいいのだろうか？　これだと、どこからどこまでが「文」なのかはわかる。でも、それが何なのかについては何も明らかにしていない。そもそも「文」とは何かなんて普通は考えたことがないだろう。教科書にその定義が書いてあったことだって覚えていないだろう。

では、学校では何と教えているのか。**「一つのまとまった意味や考え（思想）を表している言葉のひとつづきを文という」**と教えている。

ああ、これですっきりした、納得した、と言えるだろうか？　よく考えるとこの定義、何も言っていないに等しい。「一つのまとまった意味や考え」って何だ？

「文」とは何か。実はよくわかっていないのだ。みんな見事にこの問題をスルーしている。学者も昔はいろんな人が文とは何かについて言及していたけれども、決着は必ずしもついていない。そのうちにみんなこんな巨大で根源的な問いについては言及しなくなってしまった。

それって大問題じゃないか。「文」とは何かよくわからないのに、その「法」を考えようなんて、そんなことできるのだろうか。できていると言えばできている。それじゃあ、「文」とは何かを考える意味なんてあるのか？

もちろんある。「文」とは何かを考えると、言葉とは何かを考えるうえで、たくさん面白いことが見つかるのだ。言葉は、今のところ人間しか使っていないことになっているし、私たちは日々言葉を使って生き、思考している。その基本単位が「文」だ。したがって「文」とは何かという問いは、人間とは何か、思考とは何か、この世界とは何か、などなど、そういう壮大な謎にまで及んでしまうのである。言葉の中に宇宙あり。というか、人間にとって思考可能な宇宙は言葉に似ているかもしれない。宇宙探査にはロマンがある。言葉の探索にもロマンがある。

この本一冊まるごと、せんじ詰めれば「文」とは何か、その「法」とは何かを考えていくのだけれども、焦ってはいけない。まずは学校で教えてきた「文法」ではどうなっていたか、初歩的なことを理解しておこう。

文は文節からなり、文節は単語からなる

学校で教わる文法では、最初に「文」なるものは、「文節」に分解できるとされ、「文節」は「単語」に分解できると説明される。例えば、「私はここで本を読む」を文節に分解すると「私は／ここで／本を／読む」となり、その文節はまた「私／は／ここ／で／本／を／読む」と単語に分けることができる。

　この説明、逆にしたほうがいいのではないか？　単語を組み合わせて文節を作り、文節を組み合わせて文を作る、ではないのか？　この逆の順番で説明するとなると、文なるものの組み立て方を教えていることになる。あなたの前に単語というバラバラのパーツがあります、これをどう組み立てると文節になるでしょうか、その文節はどう組み合わせると文になるでしょうか、ということだ。もし日本語をぜんぜん知らない人が日本語の文を作ろうとすれば、こういう思考回路を辿るはずで、それに則ったものが文法であるはずだ。

　ところが、学校文法での言語観はそうはなっていない。「文」は、**すでに完成品としても**

う存在している。それをどう分解しますか、という思考法を取っているのだ。

この最初の説明に、文法が役に立たないとされてしまう主要な理由がはやくも登場してしまっている。私たちは文法を学校で教わる前から、日本語の「文」なる完成品をすでに手に入れてしまっているのだ。

だから、文法を学ばなくても日本語が話せるし、書ける。うまい文章を書けるようになるには学習が必要だけれども、それも「文法」を学んだおかげではないようだ。役に立たないではないか？

「文節」に関しても同じように、学ぶ前から完成品を手に入れてしまっている。「文」を「文節」に分けるには、「ネ」を入れて読めばいい、と教わった。中学生にやってごらんと言うと、「私はね、ここでね、本をね、読むね」と、自然に分けることができる。つまり日本人なら、だいたいここまでひとまとまりかな、というのが感覚でわかっている。すでにわかっているものをなんで勉強しなければいけないのか。役に立たないではないか。

ちょっと待ってほしい。

私たちは教わってもいないのに「文」という完成品を手に入れてしまっていて、しかもそれが何なのか、当の私たちがぜんぜん理解していない……。

解き明かしたくはないか？

文の根幹は主語と述語

小学校のころの国語の授業を覚えているだろうか。小学校で、「主語」と「述語」なる概念が登場する。どれが主語でどれが述語か、探す問題を解いたことがあるのは、記憶している人も多いのではないか。

なぜ小学校や中学校で主語と述語を探す訓練などするかというと、それが「文」の根幹であると考えられているからだ。学校文法では、「文」とは主語と述語からできているものであって、それ以外は全部「修飾語」にされてしまう。修飾とは、飾りということだ。本質は主語と述語であり、それ以外は飾りだと考えているのである。

これは学校の文法が欧米の伝統的な見方を引き継いでいるからである。英語などを見てもわかる通り、欧米の言語は基本的に主語と述語（英語の場合には動詞）が常にひとつずつ出てくる。それが文の基礎として位置づけられるのは当然のことだ。

主語については、日本語では半分くらいは登場しないので、根幹であるとするには異論が出るかもしれない（ただ、少なくとも書き言葉では主語と述語が文の基本となっているのは確かである。古文を読むと、主語がわからないために理解が難しいことがよくあるが、これは現代日本人がいつも主語と述語を念頭において文章を読んでいるということの裏返しでもある）。一方、述語はほとんどの「文」に登場するから、どうもこれが「文」というものの謎を解く第一の鍵になっていそうだ。

　そこでまず主語と述語の対応関係から文を考えてみよう。「主語―述語」に着目すると、「文」は大きく三種類に分けることができる。

①名詞述語文（AはBだ）
僕は大学生だ。

②形容詞／形容動詞述語文（Aはどんなだ）
太陽は赤い。
部屋がきれいだ。

③動詞述語文（Aは〈何かを〉する）
鳥が飛ぶ。
子供がドアを開ける。

①は名詞に「だ」や「です」がついて述語になっているもの。「AはBだ」を表す。②は述語が形容詞や形容動詞のもの。主語の状態や性質を表す。形容詞は「赤い」「美しい」のように、辞書に載っている形が「い」で終わるもの、形容動詞は「きれいだ」「静かだ」のように「だ」で終わっているものであった。

形容詞と形容動詞は、形が違うので別の名前で呼ばれているけれども、意味的には似ているから、セットで考えていい。ちなみに、外国人に教える文法では、「きれいだ」のような形容動詞を「な形容詞」と教えている。「きれいな本」のように形が変わるからだ。

③は動詞が述語になっているもので、主語の動作などを表す。動詞は、辞書に載っている形がウ段で終わっているものだった。「飛ぶ」の「ぶ」はローマ字で書くとbuで、母音はウなので、動詞である。動詞には「飛ぶ」のような自動詞と、「開ける」のような他動詞がある。他動詞とは、動作の対象があるもののことだ。例えば、「開ける」という動作は、必ずドアだったりビンの栓だったり、その対象がある。「殴る」という動作も、何かを殴らなくてはならない。一方、「飛ぶ」のような自動詞は、主語が飛ぶだけで、動作の対象はない。「飛ばす」なら、「飛行機を飛ばす」のようになるから、他動詞になる。

以上のように、述語になるのは名詞、形容詞（＋形容動詞）、動詞である。AがBだ、とAについて判断や断定をしたり、Aがきれいだとか汚いとか赤いとか、その状態や性質を述べたり、Aが行う動作を述べたりする。**述語が「文」の根幹だとするなら、人間が「文」で主に表現しているのは、この三種類だということがわかる。**

私は猫だ、私はかわいい、私はひっかく。

さて、「動詞」「名詞」「形容詞」といった「品詞」と呼ばれるものと、「主語」「述語」という用語が出てきた。もしかすると、すでにこの段階でわけがわからなくなっているかもしれないから、整理しよう。

動詞や名詞などといった「品詞」は、単語を分類したものである。単語は「文」を作る部品のようなものだ。その部品を組み合わせて「文」を作っていく。実際に出来上がった「文」のなかで、ある語がどのような働きをしているかが、「主語」や「述語」や「修飾語」「目的語」といった分析の仕方になる。「主語」「述語」「修飾語」などは、「品詞」ではなく「文成分」と呼ぶ。

「私はペンを持っています」の「私は」は名詞の「私」と助詞の「は」をくっつけて主語の「私は」を作っているし、「持っています」は動詞の「持つ」に「ています」をつけて述語になっている、と説明できる。

形容詞、形容動詞、動詞は述語になれる。述語になれるこの三つの品詞を用言と呼ぶ。用言は、「飛ぶ→飛べ」のように形が変わってしまう。この変化を活用と呼ぶ。日本語は用言を活用させる言語である。母語話者で活用を間違える人はいないから、「なんで学ぶかわからないもの」の代表のように思われているに違いない。

述語は三種類に分けられることがわかった。では主語とは何か。小学校や中学校では助詞の「が」がついているもの、もしくは「は」を「が」に変えられるもの、などと教わった記憶がある。この教え方では、あくまで問題を解くためのテクニックになっているだけで、主語なるものが何なのかわからない。

主語とは、述語に対応するものである。「大学生だ」と言われたら、「誰が」と問いたくなる。「美しい」とあったら、何かが美しいのである。「飛ぶ」とあったら、何かが飛ぶのだ。だから、主語はどれかと問われたら、まず述語を見つけて、それからそれに対応するものを探せばいいのだ。

主語になれるのは、主に名詞である。動詞や形容詞はそのままでは主語になれないので、「赤いのは太陽だ」「飛ぶのは鳥だ」のように、「の」をつける必要がある。「赤いの」「飛ぶの」と「の」がついたら、名詞になるのである。名詞のように形が変わらず、そのまま主語になれるものを体言と呼ぶ。つまり体言と用言とは、それぞれ「主語になれるもの」と「述語になれるもの」ということであり、ここにも「文」の根幹を「主語―述語」であるとする思想を見て取ることができる。

ちなみに、体言、用言の「体」と「用」は朱子学から来た用語である（仏教にもある）。「体」は、本体の体だから、本質的なものであり、変わらないものである。「用」は作用の用で、現象のように移ろいゆくものをいう。単語を「体」と「用」に分ける考え方は、江戸時代に起源があるが、江戸時代には朱子学が正統な学問だった。化石のように文法用語が生き残っているのだ。

連体修飾と連用修飾

学校文法では主語と述語以外はぜんぶまとめて修飾語にしてしまっている。修飾語には連体修飾語と連用修飾語がある。名詞などの体言を修飾するのが連体修飾語、動詞などの用言を修飾するのが連用修飾語である。連体修飾と連用修飾の概念は外国語を勉強する際にも極めて有用なので、理解するにこしたことはない。

さて、学校文法の考え方によると、主語と述語に修飾語をどんどん追加していくことによって文は長くなっていく。

男が書いた。
男が公園で書いた。
体重が百八キロある大きな男が木の一本も生えていない公園で難しい文章を原稿用紙に書いた。

「男が書いた」は主語と述語からなる文である。ここに修飾語を加えていこう。二番目の文章では、「公園で」と場所を表す修飾語をつけてみた。「公園で」は「書いた」という動詞にかかっている。動詞は用言である。用言を修飾するものは連用修飾語である。

三つ目の文章ではさらにたくさん修飾語を追記してみた。「体重が百八キロある大きな」は「男」という名詞を修飾し、「木の一本も生えていない」も名詞の「公園」を修飾しているのでどちらも連体修飾語である。一方、「木の一本も生えていない公園で」は全体で「書いた」を修飾するので、連用修飾語になる。このように、**修飾構造は入れ子関係になることも**

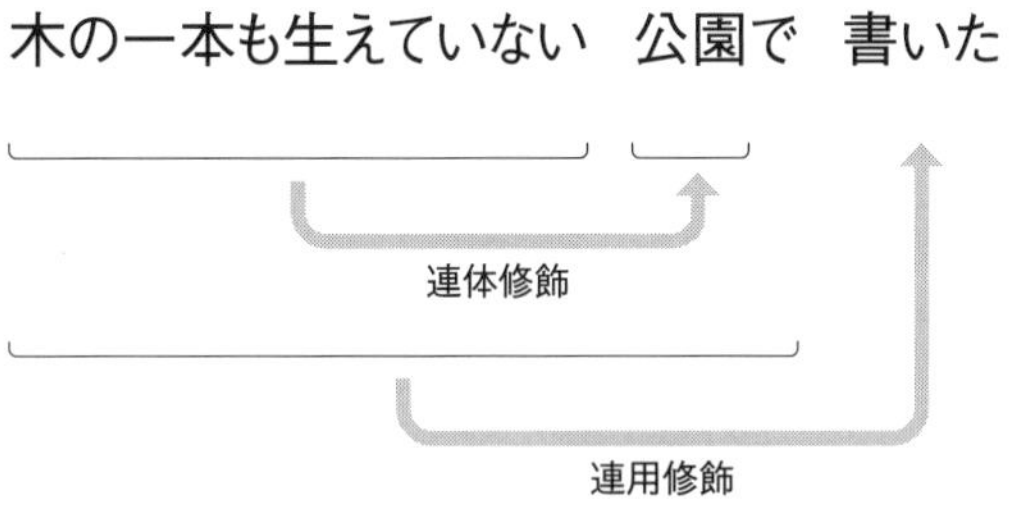

図1　「木の一本も生えていない公園で書いた」の修飾構造

少なくない。以下のように図示（**図1**）できる。

入れ子構造を取ることができることによって、人間の言語は複雑な観念を表せるように設計されているのだ。

例文に戻ろう。「難しい文章を原稿用紙に」の「難しい文章を」も「原稿用紙に」も「書いた」を修飾しているものだから、連用修飾語である。

このように修飾語を追加することによって、文はどんどん拡大していくことができる。

修飾語がどこにかかっているのか、きちんと読むことができるのは、学校文法を覚えているかどうかにかかわらず、日本語の文章を理解するうえでとても重要だ。もう一つ例を見よう。

公園で赤い花が咲いていた。

この文で、「公園で」は「赤い花が咲いていた」全体の場所を表す。だが、学校文法的には、**直前に移動できるところを修飾している**と考えている。「赤い花が公園で咲いていた」と移動できるので、「公園で」は「咲いていた」を修飾していることになる。次の「赤い」は「花」の説明である。「花」は名詞であり体言。体言を修飾しているのだから、これは連体修飾語である。

連用修飾語と品詞

先に説明した通り、「品詞」は「文」を作るための部品である単語を分類したもので、実際に出来上がった「文」の中で、どのような働きをしているかを表す文法用語としては「文成分」が使われる。「連用修飾語」も「連体修飾語」も「文成分」であって、「品詞」ではない。「連用修飾語」になる「品詞」にはどんなものがあるだろうか。

マレーバクにリンゴを〔猛烈に／美しく／切って／わざわざ〕あげた。

「猛烈に」は「猛烈だ」という形容動詞、「美しく」は「美しい」という形容詞、「切って」は「切る」という動詞だ。どれも形を変えることによって連用修飾語になることができる。連用修飾語になるときの形を連用形と呼ぶ。

日本語は動詞、形容詞、形容動詞などの用言が形を変える言語だ。単語というのは往々にして形を変えるものだけれど、日本語では連用形にすることによって連用修飾語にすることができるのである。

一方、例えば「わざわざ」という単語はこれがもとの形であり、用言を修飾する専門の単語である。主に連用修飾語として用いられる単語を**副詞**と呼ぶ。なお、英語では、「猛烈だ」にあたる形容詞 furious、「美しい」にあたる beautiful が動詞を修飾する際には、furiously、beautifully という形になる。英文法ではこれを同じ単語の活用形とは考えず、個別の単語と考えるため、furiously、beautifully も副詞に分類される。英語の副詞も動詞などを修飾するものである点は同様だ。

どうだろう？　「文」とは何かについて、だいぶわかってきただろうか？

いや、ちょっとまて。いくらなんでも雑ではないか？　主語と述語が根幹だからといって、その他の要素をみんな「修飾語」にしてしまうなんて。

そうなのだ。いくらなんでも雑すぎる気がする。

そういえば、英語では「目的語」という用語が登場していた。日本語には「目的語」はいらないの？　といった疑問も出てきそうだ。ここで、学校で習う英文法とつないでみよう。

SOVとSVO

ここで、英語の文法を習ったときのことを思い出してみよう。初期の段階で英語はＳＶＯであり、日本語はＳＯＶであると教わるだろう。つまり、次のような対応になる。

I have a pen.

私は　ペンを　持っています。

英語では主語（Ｓ）に続いて、動詞（Ｖ）のhaveが来て、最後にその動詞の目的語（Ｏ）であるa penが来るという順番になる。したがってＳＶＯである。日本語では目的語に当たる「ペンを」が動詞の「持っています」よりも先に来るので、ＳＯＶになる、と説明できる。

つまり、日本語の学校文法で修飾語とされているものの中には、「ペンを」のように目的語と呼んでいいものが含まれている。文法というのは、「この言い方が絶対に正しい」というわけではない。言葉をどういうふうに見るかで変わってきてしまう。世の中の動詞のうち、「投げる」「打つ」「褒める」などは必ず「何かを」「誰かを」投げたり打ったり褒めたりしなければならない。誰も相手がいないのに褒めることは不可能だ。バットを無暗に振り回したところで、それは打ったことにはならない。こういう「何かを」「誰かを」を目的語と呼ぶとしよう。

　言語において、主語と述語の次に多く出てくるのがこの目的語である。文の根幹について、主語と述語以外にもう一つ付け加えるとするなら、目的語だ。日本語はＳＯＶで英語はＳＶＯであるとする言い方は、**言語の根幹をこの三つで説明している**のである。

　文法用語がたくさん出てきてすでに訳が分からなくなっているかもしれない。これだから文法は嫌われるのだ。

　さっきまで、「主語、述語」の話をしていたのに、いつの間にか「主語、動詞、目的語」と言葉が入れ替わっているではないか。なんでこんなことになるんだ。さきほどの話では、主語や述語は文成分であって、動詞は品詞だった。実のところ、文の構造を説明するのに、主語と動詞を一緒に並べるのはよろしくない。一貫性を保つためには「主語、述語、目的語」で説明するべきところだ。

ただ、目的語を取れる述語は動詞なので、本来述語と呼ぶべきところを「動詞」と言っているのである。それに、英語の場合、述語になれるのは日本語と同じく形容詞、名詞、動詞だが、形容詞と名詞が述語になるときにはbe動詞も一緒に使う必要がある。be動詞も動詞だとするなら、英語の場合、述語というと常に動詞が出てくるわけで、述語を動詞と言っても大きく違わないのだ。

名詞の「格」とは何か

主語と述語の他に、目的語という概念を追加して「文」なるものを考えた。これこそ文の骨格だ。

いや、「文」の骨格はまだ拡大することができそうだ。どうすればいいだろうか?

そのために必要になってくる概念が「格」である。「格」という言葉は、中学校の教科書にもいちおう出てきている。「に」や「が」、「を」などが「格助詞」と呼ばれているのである。

だが、「格」とはそもそも何かについて教わった人はいるだろうか？　たいがい、用語だけ出しておいて意味の説明はしないのではないか？　そりゃ文法嫌いが増えるわけだ。「格」とはなんぞや。

「格」を理解するためには、「文」なるものについて、今までとは別の見方をする必要が出てくる。

二〇世紀後半、言語学をリードしてきた学者に、チョムスキーという人がいる。チョムスキーは、一九五七年の著作『統辞構造論』で、S＝NP＋VPと記述した。Sとはsentence の略で、「文」に当たる。NPとは名詞句、VPとは動詞句のことである。名詞句とは、名詞を中心とした句（フレーズ）のことで、「大きな男が」とか、「公園で」とか、ざっくりいえば名詞に助詞や修飾語がついたものだ。動詞句もざっくりいえば動詞を中心とした句のことである。

着目すべきは、「文」を主語＋述語ではなくて、**名詞句と動詞句からなる**としていることである。改めて文を観察してみてほしい。確かに述語以外は、ほとんど名詞を中心とする句から成り立っていることがわかる。「男が公園で文章を書いた。」だと、述語の「書いた」以外の文節は「男が」「公園で」「文章を」とあるように、**すべて名詞に助詞が付いたものから**

成り立っているのだ。

「体重が百八キロある大きな男が木の一本も生えていない公園で難しい文章を原稿用紙に書いた。」という非常に長い「文」を考えてみよう。「体重が百八キロある大きな」は「男」にかかっているわけだから、「体重が百八キロある大きな男が」は名詞の塊に助詞「が」がついていることになる。「木の一本も生えていない公園で」も名詞の「公園」を中心とした句である。「難しい文章を」も「原稿用紙に」も名詞（＋修飾語）に助詞がついたものだ。

以上に見られる通り、「文」は述語にある動詞を中心として、たくさんの名詞を中心とした塊（名詞句）から成り立っていることがわかる。ここで登場するのが「格」なる概念だ。「格」とは基本的には、**述語との関係で名詞が果たす役割のことである。**そして、その役割を与える助詞を格助詞という。

「が」は、述語に対してその主語になる役割を名詞に与え、主格を表すとされる。

第三の要素として挙げた目的語は「を」で示される。動詞に対して、その名詞句が目的語であることを表しており、やっぱり格助詞である。それ以外の格も見てみよう。

私が箸で豆を子供にあげた。

格助詞で「を」の次によく使うのが「に」である。英語のいわゆる五文型でも、ＳＶＯの他にＳＶＯＯというのがあった。この場合のShe gave him a pen.（彼女は彼にペンをあげた）のように、「〜に」を表すものは、学校の英文法では「間接目的語」、「〜を」を表すのは「直接目的語」と呼ばれる。「文」でもっとも頻繁に出てくるのは主語、述語、目的語だが、第四の要素がこの間接目的語、日本語であれば「に」がつく名詞句なのだ。

他にも格を表す助詞はある。「箸で」は、「あげた」の道具を表している。このように、「で」は方法や手段を表すことができる。「で」はまた、「公園で」のように場所も表せる。日本語では方法や道具や場所を同じ格助詞で表しているのだ。英語であれば、道具を表すときには前置詞のwithを使うが、場所を表すときにはinやatなど、異なる前置詞を使う。

ヨーロッパの言語は名詞がその果たす役割（すなわち格）によってその形を複雑に変えていた。英語は、活用形をほとんど失ってしまっているが、人称代名詞だけはhe（彼が）his（彼の）him（彼に、彼を）のように、例外的に変化形を残している。それ以外は語順だけで表すか、withやinのような前置詞によって名詞の格を表すようになった（語順で表すから、ＳＶＯＯとか、ＳＶＯＣとか、「文型」が重要になるのだ）。ロシア語などは今でも複雑な格変化があり、六個の格がある。

日本語にはどんな「格」があるのか

「文」というのは、述語以外はだいたい名詞を中心とした塊、すなわち名詞句であることを確認した。そして、その名詞句はなんらかの格を持つとされる。では、日本語にはほかにどんな格があるのだろうか。格がわかれば日本語の骨格がわかる。

先ほどの例で言えば、「私が」は動作を行う主体を表すので主格、「箸で」は道具を表すから道具格（あるいは具格）、「豆を」は動作の対象を表すから対象格（目的格、対格とも）、「子供に」はその動作が与える先を表しているので与格などとも呼ばれる。このほかの格助詞もまとめて使ってみよう。

彼女と埼玉（から／より）池袋（まで／へ）車で行った。

「〜と」を使うと、一緒に行う人やものなどを表すことができる。「彼をトムと呼ぶ」の「と」も格助詞である。（補足すると、同じ「と」でも格を表す助詞は、「〜と行く」「トムと呼ぶ」のように、述語にかかっているものだけだ。「リンゴとミカンを買う」の「と」は名詞と名詞を繋いでいるだけなので、並列を表す助詞になる。同じ形をしていても、同じ働きとは限らないのが文法なのだ）。

次に「埼玉（から／より）」と示したが、両者とも似た意味で動作の起点を表す。「池袋まで」といった場合、到着点を示すので、「から／より」と対になっている。「へ」は移動の方向、目標を示す。「まで」に比べると到着するニュアンスが少なくなる。

まとめよう。「文」は名詞句と述語からできている。名詞句は述語となんらかの関係を結ぶ。その関係が格である。格は「文」の骨組みと言ってよい。その中で最も頻繁に現れるのが「が」「を」「に」である。よって、**文では、「動作の主体・その対象・動作の向かう方向」が最も重要であることがわかる。**

さらに、「から」「より」「まで」「へ」という動作の起点や到達点、目標、それから道具や場所を表す「で」などがある（名詞と名詞をつなぐ「の」も伝統的には格助詞に分類）。単純化すれば、これが日本語の骨格である。**こういうのが、人間が「文」を使って主に表現することなのだ。**

もし格を骨組みと考えるなら、格助詞付きの名詞は修飾語（単なる飾り）ではないと考えることも可能だ。その場合、格助詞付き名詞にくっついている連体修飾語と、動詞を直接修飾している連用修飾語のみが修飾語となる。先の例「体重が百八キロある大きな男が木の一本も生えていない公園で難しい文章を原稿用紙に書いた。」から骨組みだけ取り出してみよう。

男が　公園で　文章を　原稿用紙に　書いた。

このような分析法を取るなら、それ以外に追加されているものこそが本物の修飾語（＝追加情報）である。

「言語」の見地から格を考える

ここまで日本語の格について見てきたけれども、ここで世界の言語という視点に立つと、格なるものにはどんな種類が認められるのか、まとめておこう。

フィルモアという学者は、人間の言語に存在する格について、意味の上からは「動作主格」「経験者格」「道具格」「対象格」「源泉格」「目標格」「場所格」「時間格」があると考えた。

「動作主格」と「経験者格」はどちらもだいたい主語になり、次のようなものである。

俺はゴキブリを殺した。

俺はゴキブリに驚いた。

前者では、殺すという動作を「俺」が行っている。「俺」は動作を行う人なので、意味的には動作主と呼ばれる。一方、「俺はゴキブリに驚いた」だと、「驚く」は積極的に行う動作ではない。むしろゴキブリの出現の影響を受けて驚いたわけだから、能動的ではなく受身である。同じように、「好き」とか「信じる」といった述語の主語も、積極的に動作を行うわけではない。こういうものを「経験者格」と呼ぶ。

「対象格」「目標格」とは、次の対比を見ればわかる。

穴を埋める／家を壊す　／詩を朗読する

穴を掘る　／家を建てる／詩を作る

前者（右）と後者（左）のペア、何が違うかわかるだろうか？　前者は、「穴」「家」「詩」はもうすでに対象としてこの世の中に存在している。すでにある存在物であり、なんらかの動作を受ける対象であるから、目的格になる。

ところが後者はどうだ。動作を行う前に穴も家も詩もこの世には存在していない。むしろその動作によって作り出されるのだ。論理的には、このペアを同等に扱ってはまずいのではないか、となる。そこで、「穴を掘る」のほうは、「目標格」だと考えられる。このほか、移動の到達点、「まで」や「へ」なども目標格と呼べる。「源泉格」とは起点のことで、「〜から」などがそれにあたる。

フィルモアの格文法は、人間が一つの「文」において、どんなことを表しうるのかをまとめたものとも理解することが可能だ。述語の他に現れるものとしては動作をする人や物、感情などを経験する主体、動作を受ける対象、動作を行うための道具、移動がスタートする位置とその到着するところなどが表される。また、動作などはある時空間において行われるものだから、時間と場所も同時に表現されるのである。

「彼女と行く」と「ナイフで刺す」

どうだろう。「文」の骨組みがわかってきただろうか？　なんとなくクリアになった気がしないだろうか。

だが、そんなに甘くはない。そんなに簡単に「文」の仕組みがわかってしまったら、本書はもう終わってしまう。よくよく分析してみると、おかしなことがあれこれ出てくるものだ。

日本語では、「公園で待つ」「ナイフで刺す」のように、場所を表すにも、道具を表すにも同じ助詞「で」を使っていると述べた（ちなみに、歴史的に見ると、「で」は「にて」が縮まった形で、「に」は場所を表せるから、「で」も場所を表すことができる）。

しかし、英語では場所を表す場合と道具を表す場合では別の前置詞を使うし、他の言語でも違う形式を使うことが多い。「に」の使い方も一様ではない。

彼女にあげる。

彼女にもらう。

どちらも「彼女に」を使用しているが、よくよく考えると、前者は動作の向かう先を表しているのに、後者は動作の起点を表しているから、「彼女からもらう」と言い換えられる。方向性がまったく逆になっている。

非論理的ではないか。

しかし、日本語だけが一見おかしい、というのも誤りだ。英語の場合、「彼女と行く」も「ナイフで刺す」も、どちらもwithを使って表す。ロシア語でも「〜と〜する」の場合の「〜と」の部分と、「ナイフで」の部分はどちらも同じ格を使う。

人を道具扱いしているではないか。けしからんではないか。

もちろん、そんなことはない。どちらも主語に付随するものや人を表すので、同じにまとめてしまっても不自然ではない。

「を」の使い方はどうか。英語の直接目的語というのは、動作の対象を表すのであった。典型的にはその動作が物理的に対象に及ぶものである。例えば「殴る」。顔面にパンチを加えたとすると、相手は顔をゆがめるに違いない。明らかに、行為が物理的に相手の身体に及んでいる。だが、物理的に及んでいないものもある。例えば「信じる」だ。日本語でも英語でも「彼を信じる／believe him」と直接目的語を取れるけれども、動作が直接及んでいるわけではない。日本語も英語も、心が対象に到達していればよいと考えるようだ。

では「待つ」はどうか。日本語は「彼女を待つ」と「を」を使えるが、英語では wait for のように、意識の向かう先を表す前置詞 for が必要となる。確かに待つのは勝手に待つのであって、彼女に対して物理的な何かは及んではいない。

さらに、日本語の「を」は典型的な他動詞以外にも使えてしまう。「道を歩く」「街道を行く」などの「を」は、「歩く」「行く」の経路を表していて、道をハンマーで叩いたりするときと、同じ「を」を使っているのにもかかわらず、道に対して行っていることが違い過ぎる。英語だったら、道を目的語にしたりしない。

まだまだある。「が」の使い方だって違う。「が」は主格を表すとしたけれども、むしろ対象を表すものもある。

私はビーグル犬が欲しい。
I want a beagle.

この場合、私は「ビーグル犬を」欲しいのであって、ビーグルが何かを欲しがっているわけではない。英語だったら「ビーグル犬」は目的語になるし、意味的に考えると欲しい対象を表すのであって、主格ではない。それにもかかわらず、「が」を使っている。なぜか。逆に英語では道具を主語にしてあたかも主格のようにみなすことがある。

A hammer broke the window.

ハンマーで窓を割った。

直訳するなら、「ハンマーが窓を壊した」となる。意志あるハンマーが窓をぶち壊したのだろうか。

もちろんそうではない。人間がハンマーを使って壊したに違いない。非論理的ではないか。じゃあどういう場合にこういう文が使われるかというと、ハンマーで割られたと思われる窓を見つけた場合だ。しかも誰が割ったかわからない。ただ誰かがハンマーで割ったのだろうということはわかる。そうすると英語ではこのように道具を主語に立てることがある。

さっきから屁理屈のオンパレードだと思われるかもしれない。でも大事だ。昨今は、論理的な言葉遣いを、などとさんざん言われているが、一筋縄ではいかないのだ。なんでこんなことになっているんだろう。英語でもフランス語でも、ブルシャスキー語でも、もう少し文法が一致してくれればいいのに。

いや、むしろそういうところが面白いのだ。今ちょっと観察した通り、「が」の使い方も「を」の使い方も「に」の使い方も、論理的に分析すると、不条理に思えてくる。けれども私たちは何の疑問も抱かずに普段日本語を使えている。ということは不条理な使い方だと思っているほうがおかしいのだ。少しずつ明らかにしていこう。

第二章　助詞と助動詞は秘密の塊

単語一つでも「文」

前章では、主語と述語、それから格を中心に「文」とは何かについて考えた。ただ、これまで取り上げてきたのは、主語と述語も修飾語もそろっているようなちゃんとした「文」だった。

ビーグル！

みたいな、一語からなるものも「一語文」と呼ばれていて、これも「文」に含まれるとされている。

なんでこんなものを「文」と認めるのか。ただ単語を一つ言いはなっただけではないのか？

そうかもしれない。だが、これだけでも十分意味を成すことがある。私はビーグル犬を偏愛しているので、街で歩いているビーグルを見つけるとついこのワードを発話してしまうのだが、この場合には「ビーグルがいる！」というような意味で使っている。

それなら、この「ビーグル！」は「ビーグルがいる！」の省略形なのか？　そうかもしれない。ただ、同じ「ビーグル！」という発話でも、「あなたの好きな犬の種類は？」と聞かれたり、「空港で麻薬捜査に当たっているにおいをかぐのが好きな犬の種類は？」と問いかけられた場合の答えとして、「ビーグル！」は単独で立派に「文」として通用する。

一語でも「文」と見なされることがあるとすれば、「文」なるものの要件はむしろ、主語だとか述語だとか格だとかそういう形式にあるのではなくて、**何かを述べたてることそのものにあるのではないか。**

私自身は、「ビーグル！」のように単独で出てくる名詞も述語と認めてよいと考えている。つまり、「文」であることにとってもっとも重要なのは、主語―述語ではなく、述語だ。述べ立てる機能を持つのが述語である。

では、「何かを述べたてる」とは何か。そりゃ、言葉なんだから何かを言っているに決まっているだろう。「文とは何かを述べ立てること」だなんて、何も言っていないに等しいではないか？

もう少し考えてみよう。「文」とは、「あるまとまった意味や考え」であるとする説を前章で取り上げた。「あるまとまり」なるものは、どこにあるのか？　それは客観的に存在するというよりも、話者が主観的にまとめるものである。「ビーグル！」が「文」として意味をなすのは、それがなんらかの意味を表すものとしてまとめられ、述べられているからだ。

だが、「ビーグル！」という一語文の中に、その話者の主観なるものはどこに見られるのか？

それは、文字としては表れていないが、音声としては表れている。街で散歩中のビーグルを発見したときの私の気持ちは高ぶっている。その高ぶりは言葉の上ずりとして音声上に現れることもあろう。「そこにビーグルがいる」という認識をしたことが表現されていると言えるかもしれない。

いや、「ビーグル！」なる発話は、一人ですることもあるが、他者に伝えようとしている場合もある。一緒に歩いている友達は、私がビーグル好きであることを知っている。そこで友達が「ビーグル！」と言ったとするならば、私にその情報を知らせていることになる。人は言葉を使ってコミュニケーションするので、他者に何かを伝えることも「文」の重要な機能の一つである。

つまり、「何かを述べたてる」には、主観的に何かを「一つのまとまり」としてまとめ上げること、そしてそれを伝達することの二つが含まれることになる。

この二つは、日本語の文法形式の中にもきちんと表されている。文法形式として話者の主観が表現されるのは、日本語では**述語の末尾**である。学校文法では**助動詞と呼ばれているものの中に、それは表現される。**

本章では文末にある助詞と助動詞に目を向けてみよう。

そもそも「助詞」と「助動詞」とは何だったか？

学校文法では、「文」なるものを、まず文節に分けさせ、そのうえで文節を単語に分けさせる。単独で文節になれるものが自立語である。一方、何かに常にくっついていなければならないものがあり、付属語と呼ばれている。付属語には助詞と助動詞がある。日本語の文法的特徴を考えるには、この付属語、つまり何かに常にくっついているものがとても大事だ。古典の文法の授業など、大部分が付属語の暗記に費やされていると言っても過言ではない。

学校文法では、付属語のうち、活用のないものが助詞、活用のあるものが助動詞と教わる。これは、意味を除外してあくまで形式だけで分類したものだ。私は中学生のとき、どれに活用があって、どれにそれがないのか判断できなかったし、活用があるにしてもどのように活用するのかわからなかった。いっさい教わった記憶はない。

「助動詞」とは、その文字面を眺めれば「動詞を助ける」となる。その名の通り、基本的には動詞につく。動詞というか、形容詞、形容動詞など、述語につく。そう言ってくれればわかりやすかったのに、と言いたくなるところだが、動詞（の仲間である形容詞・形容動詞）以外にもつく助動詞がある。古典文法なら断定の「なり」、現代語なら「だ」「です」である。

これらは「あれは猫だ」の「だ」のように、名詞についている。しかし、「猫だ」は全体として述語だ。「猫です」も名詞が述語になっている。

つまり助動詞とは、述語にくっついて述語の意味を補完するものである。

それだけではない。述語は「文」の根幹であった。述語の意味を補完すると、「文」全体の意味を補完することになる。

実例を見てみよう。次の例の最後の動詞「行く」に着目してほしい。

明日は台風が来るけれども、学校に行く。

この例では、「学校に行く」と客観的に報告しているだけだ。これにいろいろな助動詞をつけてみよう。

行こう／行くまい／行きたい／行くそうだ／行くようだ／行くらしい

「行く」に「う」が付くと、「行こう」になる。これは意思を表す。この逆が「行くまい」で、否定の意思を表す。「行きたい」なら、希望。「行くそうだ」なら、人から聞いたこと（伝聞）を表し、「行くようだ」だと話者の推測を表す。「行くらしい」も推測である。助動詞部分の「う」「まい」「たい」「そうだ」「ようだ」「らしい」は、客観的な叙述に対して話者の主観を足したものだということがわかるだろうか。英語でもこうした主観的判断はcould, should, may などの助動詞を使用して表される。

このように、話者の希望や推測を表すものを、一般的に**モダリティ**と呼んでいる。もし言語の本質を、話者が主観的に何か表現すべきことをまとめ上げ、述べることにあるとするなら、**話者の主観を表すモダリティこそが、「文」を成立させるものだということになる。**

では、「学校に行く」と、助動詞が何もついていない状態ではどうか。話者の主観は形式上は表されていない。しかしこの「文」を使用するとき、話者はこの文をその主観によってまとめ上げ、断定をしている。だから形式として「らしい」とか「たい」とかついていなくても、やはり話者の主観による判断、まとめ上げが存在することになる。そしてこの話者によるまとめ上げ作用こそが「文」を成立させるものだ、とも考えられる。

話者の主観を表す助動詞「う、まい、たい、そうだ、ようだ、らしい」よりもさらに後ろにくっつくものがある。最後につくので、**終助詞**と呼ぶ。

今度は助詞だ。助動詞の仲間はさっき言ったように述語につくけれども、終助詞はそうではない。文全体にくっつく。例えば次のようなものだ。

台風の大雨の中、洋は車で学校に行ったらしいよ。

この「よ」が終助詞だ。日本語話者なら誰でも使いこなせる助詞である。ではこれはいったい何を表しているのか？「洋が車で学校に行ったらしい」ことを、**聞き手が知らないと思って伝達している**ということだ。この「よ」の部分をいろいろ変えてみよう。

行ったらしいね／行ったらしいぞ

「行ったらしいね」と「ね」に変えた場合、「よ」のときとどう変わるだろうか。「ね」は相手もその情報を知っているだろうと想定して、確認するときに使用する。「ぞ」は、相手が知らないと思って、念を押すときに用いる終助詞だ。

つまり、このような終助詞とは、そこまで述べてきた情報全体を聞き手に対して伝達する働きを持ったものだということがわかる。こういうのを、聞き手目当てのモダリティと呼ぶ。

以上のことから、日本語の構造はおおむね次のようになっていることがわかる。

台風の大雨の中、洋は車で学校に行った　らしい　よ
→客観的叙述（命題）　→主観的判断　→聞き手への伝達

このように、**文には客観的なことを表現する部分と、主観的判断をする部分、それに聞き手に対する伝達を担う部分があることがわかる。**

使役と受身

日本語の単語が何万語もあるのに対し、文法で扱われる事柄は数が限られる。したがって助動詞として文法に組み込まれているものは、それだけ私たちにとって重要であるというこ

とだ。助動詞に分類されるものは、話者の主観を表すもの以外にもある。

私は新宿の中華料理店で蚕《かいこ》のさなぎを食べた。
私は新宿の中華料理店で蚕のさなぎを食べない。
私は新宿の中華料理店で蚕のさなぎを友達に食べさせた。
私は新宿の中華料理店で蚕のさなぎを友達に食べさせられた。

「食べる」に助動詞「た」をつければ、私たちは過去のことを表すことができる。これは言語の本質にかかわることだ。「いま、ここ」にあることは、言語以外でも表すことができる。指でさすこともできるし、「フエエ」と叫び声を上げて注意を向けることもできる。だが、「いま、ここ」にないことまで表現できてしまうのが言葉のすごいところだ。この機能のおかげで、嘘八百もつけるし、様々な物語を創作できる。

「た」は単に過去のことを表すだけではない。「た」を使うと、**現実にそれが生じたことを主張できる**。その反対が否定である。犬や、まだ言葉が使えない赤ちゃんを観察していると、目の前にあるものを拒否することはできるが、自らなんらかの概念を示したうえでそれを否定するのは結構な高等技術であることに気づく。その場にないものを否定するのは難しいのだ。言語はそれができてしまう。現実に起こったことを主張する「た」と、否定を表す「ない」は表と裏の関係だ。

それから、「せる、させる」は「使役」、「れる、られる」は「受身」を表す。人間は自分が何かをするだけではない。誰か別の人や動物に何かをやらせることが非常に多い。私のような職業だと学生に本を読ませるし、レポートを書かせるし、話を聞かせる。会社でも上司であれば部下に議事録をつけさせたり、コピーを取らせたり、報告書を作らせたりするだろう。嫌がる友達に中華料理店で蚕のさなぎを食べさせることだってある。これを表すのが「使役」なのである。

「使役」とは逆の関係を表すのが「受身」である。学生なら、教師に本を読まされ、レポートを書かされ、話を聞かされる。友達に無理やり蚕のさなぎを食べさせられることもあるかもしれない。**人間は何かさせると同時にさせられるし、能動的に動くだけでなく、動作の影響を被ることも多くある**から、だいたいどの言語でもこれを表現する手段が文法として組み込まれているのである。

こうした助動詞は、「らしい」とか「そうだ」とか「たい」などに比べれば客観的な叙述に近い。日本語では客観的な助動詞のほうが、主観的な助動詞よりも先に来る。

彼は蚕のさなぎを食べさせられるらしい。

この例では、「させられる」は「らしい」よりも先に来ている。やはり主観的判断を表すもののほうが後に来るのである。

もう一つ、重要な役割を果たす助動詞に「です」「ます」がある。「です」「ます」をつけることによって丁寧になる。丁寧であるとは、聞き手に対してである。

あれ、聞き手に対して何かを伝達するのは、終助詞で行うとさっき書いたではないか？はやくも矛盾しているではないか。

そうなのだ。言葉は、数学みたいに截然《せつぜん》ときれいにはいかないのだ。「です」「ます」は「でした」「ました」のように、後ろにさらに助動詞がついて、形が変わる。これは、「ます」がもともと「参らす」という動詞が変化したもの、「です」も「でございます」から変化したものだからだ（こちらは諸説あり）。もともと動詞なので、後ろに助動詞がついてしまうし、形も変わってしまうのである。

日本語に特徴的な助動詞「れる」「られる」

「れる、られる」は、幅広い使い方をする助動詞だ。先ほど見た「受身」のほかに、「尊敬、可能、自発」と、三つもの用法がある。「このきのこは食べられる」なら「することができる」の意味だから可能を表すし、「鈴木先生が国語の授業を担当される」のように、主語に目上の人を持ってくると尊敬を表す。そして、「先生にも誤りがあるように思われる」の「思われる」が自発だ。自発とは、話し手が主体的に思うのではなく、勝手にそう頭の中に浮かんでくるよ、私のせいではないよ、ということを表す用法である。

なぜこんなにも多くのことを一つの助動詞で表すのだ。おかしいではないか。

同じ助動詞を使っている以上、きっとこれらの用法には共通点があるに違いない。ではそれは何だろうか。

おそらく、「れる、られる」の中心的な意味は、**「話し手のコントロールが及ばないところで何かが発生する」**というものではないかと考えられる。誰かを尊敬することは、恐れ多いことであって、話し手である「私」とは関係なくその人が何かができることを表す。可能も、「勝手に成立する」というところから発生していると思われる。

日本語は、英語などに比べるとかなり主観的な見方をする言語だ。その主観の担い手である話し手とは別のところで成立することをまとめて同じ助動詞で表してしまっても、特におかしくはないだろう。

さて、現代日本語で使う助動詞をだいたい見てきた。日本人ならだれでも使えるのだけれども、これらが極めて便利であることと、何を表しているものなのかご理解いただけただろうか?

ついでなのでまだ取り上げていない助動詞も取り上げよう。

決して近づかぬ。
あれは犬だ。
子供が行きたがる。

「近づかぬ」の「ぬ」、「犬だ」の「だ」、「行きたがる」の「たがる」がそれぞれ助動詞である。「ぬ」は古風だが、現代語でも否定の助動詞として使うことがまれにある。常用すると殿様だと思われるかもしれない。もともとは否定の助動詞「ず」の連体形であった。

「だ」は名詞につけて断定や判断を表す。道で歩いていて、遠くに何か見えたとする。最初は銅像か何かかと思っていたがよく見ると犬だった、というケースでは、「あれは犬」とはあまり言わない。「あれは犬だ」と言うだろう。「だ」で判断を表すのである。

「たがる」は「たい」と似ているが、どう異なるのかわかるだろうか？　「たい」は主観的願望を表すのに対し、「たがる」は第三者的に見て、何かすることを望んでいる意を表す。日本語では他者の内面は究極的には知りえないと考える。このため、内面を表す助動詞「たい」「らしい」などは、一人称の主語と相性がよく、三人称では誤解を招きかねない。

私の彼氏、東京ドームに行きたい。
先生が東京ドームに行きたいらしい。

「私の彼氏、東京ドームに行きたい」はちょっと違和感がある。彼氏の内面は知りえないはずなのに、「行きたい」と「たい」を使ってしまっている。こういう場合、日本語では「行きたいって」と伝聞の形にするか、「行きたがっている」と他者からはそう見えると報告しなければならない。「行きたがっている」の場合、彼氏は演技している可能性があり、本当は大阪ドームに行こうとしているかもしれない。

「先生が東京ドームに行きたいらしい。」の表面上の主語は「先生が」と三人称になっているように見える。しかし、「らしい」と推測しているのは誰か。「先生」ではありえない。話し手の「私」なのだ。やはり三人称主語の主観は表していない（この点について詳しく知りたい人は、神尾昭雄『情報のなわ張り理論――言語の機能的分析』〈大修館書店、一九九〇年〉を読むとよい）。

補助動詞と文法化

助動詞のように、動詞についてなんらかの文法的意味を表すものに、「補助動詞」と呼ばれているものがある。どんなものだったかおさらいしよう。

　彼は手紙を書いてみる／書いている／書いてある／書いておく／書いてしまう

「書いてみる」とは、どんな意味だろうか？　手紙を書いたうえで、それからしげしげと見るということだろうか。そうではない。試みにちょっと書くことを表す。したがって、「みる」に「見る」の意味はもうなくなってしまっている。こういうのを補助動詞という。

補助動詞は、学校では軽く触れられるだけだが、文法的にはとても大事だ。述語の意味をいろいろと補完してくれる。「書いてみる」を「書いている」にすると、進行を表せる。文字通り「いる」わけではない。「書いてある」は、すでに書いてそれが残っていることを表す。「書いておく」も、書いてどこかに置いたことを表すのではないし、「書いてしまう」も書いてからどこかにしまうわけではない。

日本語の「文」では、動作の細かい様態を表すために、このようにもともと動詞だったものの意味を少し変えて使用しているのだ。このような現象は、どの言語にも見られ、**文法化**と呼ばれている。英語だと、例えば完了を表すときに使うhaveなどがそれに当たる。haveはもともとは「持っている」の意味だけれども、I have been to America. のhaveにはもう「持っている」の意味はない。

補助動詞以外でも文法化はよく見られる。例えば、「〜するところだ」の「ところ」。もはや誰も意識していないだろうが、「所」、つまり「場所」の意味だ。「本を読むところだ」は、文字通りなら、「本を読む場所だ」の意味になるはずだ。本を読む場所にいる、というのは、まさにそれをしようとしている、という意味につながりやすい。ということで、「〜するところだ」は取り掛かろうとしている状態の意味として定着しているのである。

どうだろう。第一章、第二章と学校で教わった（ことになっている）文法を中心に見てきた。文法には、人間の現実把握の仕方や、感情、対人関係などが組み込まれていることが少しはわかったのではないだろうか？

だが、これはまだ序章に過ぎない。「文」とは何か、「文法」とは何か。それは言語をどのようなものとして考えるかによっても、見え方が変わる。文法理論もまた、思想なのだ。次章からは、思想であるという点に留意しながら、考えていこう。

第三章　「文」と西洋ロゴス

知の枠組みはすべて西洋由来

さて、第一章において、学校文法では「主語＋述語」を「文」の根幹と考えているとした。これは西洋の伝統的な文法論を引き継いでいるからだった。第二章では、文なるものを「命題（≒客観的な叙述部分）＋モダリティ（主観的）」とする考え方を見たが、これだって西洋的な知の枠組みを出発点にしている。

というか、「言語とは何か」とか、「文とは何か」などといった根本的な問題は、これまで様々に考えられてきてはいるが、そのほとんどは基本的に西洋の言語学や哲学を基礎にしている。

気に食わないではないか。西洋の知の体系はすごい、それは認める。だが、西洋の知の体系とそれを基礎にした研究方法をそのまま疑いもなく踏襲するのは心理的に嫌だ。

嫌だと言っても仕方がない。言語学に限らず、現代的な学問を勉強してしまうと、その西洋的な知の体系から脱却して思考するのは不可能に近い。私も含めて知的に奴隷である。

とはいえ、あくまで西洋の知的枠組みであることをきちんと踏まえることも大事だ。ある文法の考え方が、どのような思考方式に則っているのか、その足元を意識する必要がある。まずは「主語」からだ。

「主語」は日本語にとって必要か

西洋の文法そのままの「主語―述語」論に対して、「主語」なる概念は日本語にとって不要ではないか、とする議論がかなり昔からある。というのも日本語では主語のない文が非常に多いからで、必ずしも必要ではないからだ。そうすると主語だけを特別視する必要はなくて、「～を」がつく名詞句や「～に」がつく名詞句と同列に考え、主格補語とでも呼べばいいのではないか、となる。

実は、日本語にとって主語なるものがあるかないか、というのだって、どちらかが完全に正しくてどちらかが完全に誤りというわけではない。どのような見方に立脚するかで、言語の記述方法は変わる。だから、その立脚する言語の見方そのものがどういったものであるかを理解する必要がある。

主語不要論で、一般向けによく売れた本としては金谷武洋の『日本語に主語はいらない』（講談社選書メチエ、二〇〇二年）がある。

この本のタイトル、よく見ると「主語はいらない」であって、「主語はない」ではないところに着目すべきだろう。これだと日本語に主語という概念がいらないと言っているようだけれども、「主語がいらないことが多い」と言っているともとれる。前者は議論の余地があるが、後者ならそうだと言える。金谷氏は、主語がほぼ必要な英語などを母語とする学生に対して日本語を教える立場の人である。その視点からすると、英語などを母語とする人が日本語の文を話したり書いたりするとき、不要な主語がやたら多く使われるのが気になるのだろう。

　そうした立場の人にとっては、「主語はあるけれども省略できる」ではなく、「主語はいらない」とまずして、「必要な場合にだけつける」と教えたほうが便利であり、日本語の習得に役立つという考え方が、その論の根底にあるように思われる。

　私は欧米人に日本語を教える立場でないから正確なことはわからないが、確かに欧米言語の母語話者に対する文法論としては「主語は不要で必要な場合にのみつける。必要な場合とは……」としたほうが、合理的かもしれない。

主語は日本語でも必要だ

　主語不要論者が言うように、日本語では主語が出てこないことが多い。しかし、主語を「〜を」や「〜に」とまったく同列に扱っていいかというと、それもまたためらわれる。表面的に主語が現れない場合でも、**論理的にはある場合がほとんどだからである。**「かわいい！」とだけあっても、何かがかわいいと思っているわけで、何の対象もなしにかわいいとは思わない。

また、次のように、表面的にはない主語を論理的に復元することが可能なものも多い。

　その上今までの所とは違って無暗に明るい。眼を明いていられぬくらいだ。

（夏目漱石『吾輩は猫である』）

この例では二つ「文」があるが、どちらも主語は出ていない。だが、「無暗に明るい」は語り手の猫がいる場所を表しているので、論理的には「ここは」のようなものが想定できる。「眼を明いていられぬ」の主語は書いていないが、こちらも間違いなく「吾輩」である。

とすれば、主語は「省略」されているのであって、本当はあるのではないか？

道で、山田さんを見かけたとする。そこで「あ、山田さんだ」と言った場合、主語はどうだろうか？　論理的には「あ、（あれは）山田さんだ」と、一種の指示表現が隠れていると考えることが可能だ。

しかし、主語の復元が容易でないものもある。

一に三を足すと四になる。

（レシピなどで）溶かした寒天に砂糖を入れ、冷蔵庫でよく冷やしてから食べます。

（いずれの例も近藤泰弘氏のご教示による）

「一に三を足す」のはいったい誰か。あえて言うなら一般の人であろう。次の例で「よく冷やしてから食べます」で、「食べる」のは誰だろう。これも不特定である。

こういうのも、「隠れた主語が省略されている」と言っていいのだろうか？

また、日本語では次のような構文も発達している。

無活用ラテン語で書かれた小説『猫の下で読むに限る』で道化師と名指された実業家のエブラムス氏。その作者である友幸友幸は、（中略）現地の言葉で書かれた原稿を残してゆく。幾重にも織り上げられた言語を巡る物語。

（円城塔『道化師の蝶』講談社文庫、裏表紙）

傍線を引いた文に着目したい。一つ目は「エブラムス氏」に長い修飾語がついており、ただの名詞句である。最後の「幾重にも織り上げられた言語を巡る物語。」も同様で、「物語」という名詞が長くなっているだけだ。この場合、「エブラムス氏」や「物語」は主語なのだろうか？　その場合には述語はあるのだろうか？

いや、これらはそもそも「文」ではないのではないか、とも考えられる。主語と述語が文の基本だとするなら、どちらもないのだから「文」ではないではないか？　だが、「幾重にも織り上げられた言語を巡る物語」は、「この物語は幾重にも織り上げられた言語を巡る」と主述文に言い換えたものと情報価値は大して変わらないから、「文」ではないとするのもためらわれる。山田孝雄《よしお》という言語学者は、こうした文を「喚体《かんたい》の句」と呼び、「文」であると考えた。

さて、ここで取り上げた主語を巡る謎は、比較的よく知られたものだ。だが、この議論にも、西洋的な思考法が隠れている。特に、主語は表面上はなくても、「論理的にはある」ことが多いと述べたこと。では、この「論理的」とはどういうことか。論理と「文」との関係はどうなっているか。主語を巡る謎についても、それを先に考える必要がある。

言葉と世界とを一致させたいという欲望

さて、「論理的にはある」の「論理」とは何かだが、その前に、**「日本語に主語があるかないか」という思考法自体がすでに西洋哲学でよく行われる方法である、という点にも着目しておきたい。**西洋的な議論の方法では「あると考えてもいいし、ないと考えてもいい」のような曖昧な仕方を好まない。ＡかＢかの二項対立を好む。

だが、ＡかＢかが争点になっている場合、ほとんどの場合はＡでもありＢでもあるのだ。だって、どちらかが完全に間違いだったら、そもそも論争になんてならない。いつか解決してしまう。解決しないから、「Ａなのか、それともＢなのか」論争を延々とすることができるのだ。にもかかわらず、「Ａは間違いで絶対Ｂ！」のように、主張としては立場を旗幟鮮明にしてなされることが多い。たぶん、そういう作法なのである。

これに則れば、「日本語に主語はあるか、ないかのどちらかである」となってしまう。ここからは、主語があると考えてもいいし、ないと考えてもいい、という議論の方法もあることを念頭において、論を進めたい。

本題に戻ろう。言語における論理とは何か。それがよくわかるのが、意味論と呼ばれる分野である。意味論とは読んで字のごとく言葉の意味とは何かを考える。意味の意味とはなんぞや？　これだけ取り上げても様々な考え方があって、それをまとめるだけでも分厚い本が何冊も出ている。ざっくり言うならば、言語が言語外の世界（現実）とどう関係しているかが研究されている。

まず、単語の意味とは何か。西洋の言語哲学で古典的な考え方は、「意味＝指示対象」とすることである。これはなんとなく直観に合いそうだ。「牛」なる語は、世界にいる「牛」というものの集合を指示する。「美しい牛」とすると、「美しい」ものの集合と、「牛」の集合が重なる部分を指示する。

ちょっとまて。美しい牛ってなんだ？　牛は美しくないだろう？　と都会に住むあなたなら思うかもしれない。そんなことはない、牛にだって美しい牛はいる、と牛農家の人は答えるかもしれない。語の意味を指示対象と考えると、早くもこういうところで問題が発生する。「美しい」は世界の中に客観的な対象が確定できない。モナリザを美しいと考える人がいるとともに、牛を美しいと感じる人もいる。

ならば、「美しい」のような語の意味は、それを語る人の心の中に存在するものなのか？

こんなこと考えてどうするのか、という人、正しい。だが、これは極めて真面目な議論なのだ。その根底にあるのは、言語外に存在する事実、もしくは**真理を重視する立場**である。さらに言えば、**言語と言語外の世界（事実、真理）を一致させたいという欲望**である（事実と真理とは何かと言い出すとまた哲学上の大問題になってしまうので、本書では扱わない）。

事実、そして真理なるものこそ重要。それこそ科学的思考、論理的思考。ヨーロッパの哲学は真面目なのだ。

では、「文」の意味はどうなるだろうか。前章では文を「命題＋モダリティ」とする考えを紹介した。命題とは何か。伝統的には「真理値を持つもの」とされる。真理値とは、その「文」において真か偽か決定できるもののことだ。つまり、真か偽か決定できるとは、「文」が言語外の現実と対応しているということだ。やはり「文」を世界と対応させられるかどうか、が重視されていることがわかるだろう。

では次の「文」は世界と対応させられるだろうか。

ユニコーンはかわいい。

これは難しい。まずもってユニコーンが世界に存在していない。だからかわいいかどうかも不明だ。「ユニコーン」なるものはこの世の中に存在しない。よって「意味＝指示対象」とするなら、そもそもこの「文」は真か偽か決定できない。ゆえに無意味である。そのうえ「かわいい」も主観的である。

　現実に存在しないものに意味はない。これは、なかなかゴリゴリの思想である。さすがにそこまで厳密にしてしまうと取り逃がすものも大きいから、現在の意味論では「ユニコーン」みたいなものも可能世界の存在物として扱うが、それでも言葉は何か世界に存在するものを指していると考えている。真理・事実こそ大事、それと言語を符合させることが大事、なのだ。

「文」だけで世界と対応させようとする発想

「文」の意味なるものを真理値（真か偽か言えるもの、つまり世界と対応しているもの）と考えるとする。この考え方は、**言語化された「文」だけで世界と対応していなければならないことを前提とする**方向へと推し進められる。実はこの考え方こそ、各種文法論において広く見られる思考法なのだ。「文」の意味を真理値として考えるのは、意味論の中でもかなり古い考え方なのだが、この思考法はまだ随所に残り続けている。

主語がない「文」は不完全な「文」であって、本当は存在する「主語」が「省略」されていると考えるのは、言語化された「文」だけで世界と対応させなければならないとする思考法が根底にある。次のような例で考えてみよう。

寿司です。

あれ、静かだ。

「寿司です」は日常会話なら十分に成立するが、これ単独で取り上げると、何を言っているかわからない。「あなたの好きなものは何ですか？」の答えなら「（私の好きなものは）寿司です」の意味となるし、一見寿司とはわからない珍妙な寿司があったとして、「これは何ですか？」と聞かれたとしたら、「（これは）寿司です」の意味となる。

「あれ、静かだ」はどうだろうか。私はかつて二度ほど、夏休みが終わる日を間違えて、まだ休暇中にもかかわらず大学の教室に行ったことがある。二度目のときは遅刻しそうだったので、授業が行われる教室に急いで行ったところ、誰もいなかった。そこで、「あれ、静かだ」と思ったわけである。この場合、論理的には（ということはつまり「文」を世界にできるだけ一致させようとするなら）「（教室が）静かだ」の意味である。「静かだ」は品詞としては形容動詞だが、世界の中では必ずどこかが静かなのであって、どこでもない場所が静かなわけではない。「赤い」という形容詞も考えてみよう。私たちは世界の中では、なんらかの物体が「赤い」ことを認識している。何にも付属していない「赤」そのものは、どこにもない。絶対に何かが赤い。

このように現実に対応させる場合、主語を決めなければならなくなる。よって、主語は「省略」されているのであって、「ない」わけではない、となる。

さらに例を見よう。

今度の学会、いらっしゃいますか？

僕が父です。

日本語は一人称や二人称の使用が欧米の言語に比べて少ない。特に口語で少ない。その理由の一つは、敬語が発達していることである。述語が「いらっしゃいますか？」であれば、聞き手に対して言っているのだから、主語は二人称に決まっている。このようなとき、「わかりきっているから省略している」とするのは、「もともとあるものを省略する」という立場に立っているのであり、その根底には「言語化された文だけで世界と対応させる」という言語観がある。

最近の言語学では、ゼロ代名詞という概念が使われている。「いらっしゃいますか」の主語には、表面上見えない代名詞が存在していると考えるのである。これにも、同様の言語観が表れている。

「僕が父です」はどうか。これは主語がある。よかった。だが、よく考えると、「父」というのは曖昧だ。父であるからには、必ず誰かの父でなくてはならない（この「父」のような名詞を西山佑司は「非飽和名詞句」と呼んでいる。「〜の」を追加しないと世界と対応しないもののことである）。

次のようにしたらどうか。

僕がこの子の父です。

こうすれば、世界と対応する。「僕」なる人物が「この子」の父であるかどうか、真か偽か言うことができる。よかった。

本当だろうか？　まだ難癖をつけようと思えばできる。「僕」は曖昧だ。おまえは誰だ？しゃべっている人によって指示する対象が変わってしまうではないか。「この子」も曖昧だ。「この子」で指し示すことができる対象はたくさんあるではないか。これでは、言語化された「文」だけでは世界と対応しない。

極端に「文」だけで現実世界と対応させようとしだすと、「僕」だとか「あなた」、もしくは「この」などといった語ですら廃止したい、と欲望を持つ学者まで出てくる。人称代名詞や指示詞、「今」などの語をダイクシスと呼ぶが、これはその話している人と聞いている人、指示しているものなどが決まらないと、現実と対応しない。「文」だけで世界と対応させようと思うと困るのだ。

「主語は日本語でも論理的にはある」とし、何かが「省略」されていると考えるのは、このように、**言語化された「文」だけで世界と対応させようとする発想に基づいたものだ。**

話題が主語の問題からずれている？　いや、そうなのだが、もう少し意味論の考え方を見てみよう。

頭が赤い魚を食べる猫

意味論や論理学を悩ませてきた問題は、日常の言語がやたらと曖昧である点だ。多くの意味論の論文はその曖昧性を厳密にしようとしたり、説明しようとしたりする。もし「文」が世界と完全に一対一で対応して、曖昧性がないのであれば、ほとんどの意味論の論文はその意味を消失してしまうだろう。単純な例から曖昧性を見てみよう。

ノーベル文学賞の男

これはどのように解釈できるだろうか。一番単純な解釈は、ノーベル文学賞を受賞した男性作家、の意味であろう。だが、この「文」は現実に符合させようとすると、まだまだいろいろ解釈しうる。村上春樹はまだノーベル文学賞を受賞していないが、毎年受賞するかしないか騒がれている。立派な「ノーベル文学賞の男」だ。

二〇一八年、ノーベル文学賞の発表が見送られたが、これは選考委員に関係する男のスキャンダルのせいだ。そのスキャンダルを起こした人間を「ノーベル文学賞の男」とすることもできるだろう。また、私は『ノーベル文学賞を読む』（角川選書、二〇一八年）という本を書いたことがあるが、これが代表作になったとしよう。みんなが、私のことを『ノーベル文学賞を読む』を書いた男である」と認識しだすなら、やがて「ノーベル文学賞の男」と呼びうる。一般化して言えば、「AのB」とは、「Aとなんらかの関係を有するB」と表しているだけで、その「なんらかの関係」は曖昧であることになる。

もっと複雑な例。今度は一時期、インターネット上で話題になった例（中村明裕氏：ツイッターのアカウント名@nakamurakihiro の考案による）を使わせてもらおう。次の文には何通りの意味が考えられるだろうか。

頭が赤い魚を食べる猫

常識的に考えれば、猫が魚を食べる、それでもってその魚の頭が赤い、の意味であろう。だが、意味論の議論では、それだけでは終わらない。まだは何通りもの解釈が可能だというのである。

第二の意味。これは比較的わかりやすい。魚を食べる猫がいて、その頭が赤い、との解釈である。「魚を食べる赤い頭の猫」、あるいは「魚を食べる頭が赤い猫」とパラフレーズできる。第三の意味は、ＳＦなどでならば通用する解釈で、頭がぱかっと開いて、魚を捕り、むしゃむしゃと食べてしまうような化け猫、との解釈である。ここまでくると説明されただけではよく分からないかもしれない。

第四の意味。これはもうほとんど無理やりというか、頑張ってひねり出したねという意味なのだが、ある人間がいて、その頭が猫型をしており、赤い魚を食べた、とする。「ああ、あの人、頭が赤い魚を食べた猫になっている」と言えばなんとかわかるだろうか？　第五の意味は、第四と同じだが、猫頭人間がいたとして、その猫頭が赤いとする解釈である。よくそんな解釈思いついたな。

わりと解釈しやすい第一の意味と第二の意味を比較しよう（というか、その二つ以外は普通は考えられない）。第一の意味は、「〔頭が赤い魚〕を食べた猫」と解釈している。この時、「頭が赤い」は「魚」にかかる修飾語である。一方、第二の意味は、「〔頭が赤い〕〔魚を食べた〕猫」の構造であり、「頭が赤い」と「魚を食べた」はともに「猫」にかかっている。意味解釈の違いは、内部の構造の違いに対応しているのである。このようなものを「構造的多義性」と呼ぶ。

「文」は、よくよく分析すると何通りもの意味に解釈できることが多い。実際にそうならないのは、文脈に照らし合わせて合理的な解釈を導き出しているからだ。文脈に照らしても曖昧になってしまう、もしくは頑張らないと解釈が決まらない「文」は、できるだけ避けた方がよいとされる。もう一つ、インターネット上で見かけた例を挙げよう。

私は今日、女の子と花火を見に行った。

これは多義だろうか？ 普通は、そうは思わない。一つしか意味はないだろう。「女の子と一緒に花火を見に行った」の意味で取っただろう。だが、形式上はそうとは限らない。「私」は一人で花火を見に行ったともとれる。その場合、「私」は女子ウォッチングが趣味であり、花火だけでなく、女の子も見に行ったのである。

今見たのは、意味論の典型的な議論の方法だ。このような方法では、「文」なるものをその話し手や聞き手からは切り離して、**独立した存在物であるかのように扱っているのである。**独立した存在物としての「頭が赤い魚を食べた猫」には五つの意味がある、と述べているのである。

この方法は妥当だろうか？ 本来、「文」なるものが独立して用いられることはないはずだ。話し言葉なら現実に話し手と聞き手がいて、聞き手は特定の文脈で意味を理解する。書かれた言葉を読む場合にも、全体の文脈の中において理解する。それにもかかわらず、「文」から話し手と聞き手を除外し、あるいは文脈を除外して、意味なるものを議論してもよいのだろうか？

それでもよい、もしくはそうするべきだ、と考えることが、意味論の議論では比較的多い。「文」を独立した存在物であるかのように扱う思想は、先に見た「文」だけで世界に対応させようとする思考法と、リンクしている。

西洋の哲学的伝統において、言葉とはロゴスであった。ロゴスは、ロジック（論理）につながる。「文」なるものを、論理に還元したい欲望が、言語学のかなり多くの分析にも表れているのである。

言語を独立した存在物として扱う立場に反対する考え方ももちろんある。その場合、言語は話し手と聞き手の間のコミュニケーションであり、コミュニケーションである以上は、話し手と聞き手から離れた意味などは何もないと考える。

だが、この議論の方法もAかBか式の考え方である。

言語は、話し手と聞き手のコミュニケーションであることは確かだが、話し手と聞き手を取り外した存在としても、ある種の存在感を持っている。しかし、古典的な意味論のように、その存在は、必ずしも言語だけで世界と対応するというような代物でもないように思われる。

　では、どう考えようか？

言語存在論

　言葉とは何か。「文」とは何か。一つには、それは話し手と聞き手のコミュニケーションであるとする考え方がある。話し手が聞き手にメッセージを送る、という言語観に立つなら、話し手は聞き手に対して、自分の言いたいことを言葉という記号に変換して相手に送ることになる。聞き手はそれをキャッチボールのボールのように受け取る。

　だが、話し手から放たれた言葉は、しばしば話し手の意図からは離れ、独り歩きしてしまう。

　例えば、ツイッターを考えてみよう。ツイッターで発せられる文を、書き手のほうは自らの文脈において発信している。読み手のほうは、書き手の文脈を無視することが可能で、ただその発せられている「文」を手掛かりにして、自らの文脈で様々な意味をくみ取ってしまう。

「文」は現実と一対一で対応していない。文字通りに書かれている以上のことを復元しなければならない。だから過剰な解釈も生まれる。次のような「文」が発せられていたとき、あなたはどう読むだろうか。

　バクが小便するところを見た。

この「文」だけを読んで、どのように読解しただろうか？　もしあなたが、マレーバクが小便をスプレーのように噴射するという知識を持っているなら、これはそのエキセントリックな排泄行為を目撃できたことを喜んでいると、解釈するかもしれない。

あるいはあなたが、極度の衛生至上主義者であれば、小便などという行為に言及することについて、私のことを下品であると追及するかもしれない。単に、私が動物に関するテレビ番組を見ていたと読むかもしれない。もしくは、私がバクという名前の犬を飼っていると考えるかもしれない。

「文」を発する人と「文」との関係とは別個に、その「文」と読み手（聞き手）の間でやりとりが生じるのである（**図2**）。

野間秀樹『言語存在論』（東京大学出版会、二〇一八年）は、言葉の意味について、意味

図2　文と読み手のやりとり

があるのではなく、意味になるのだとしている。つまり、解読者が、その言葉を解読する具体的な場において、その都度意味を作り出すというのである。言葉が、話し手（書き手）から聞き手（読み手）への単純な意味の伝達でないことは確かだ。

『言語存在論』では、もう一つ重要な指摘がなされている。それは言葉なるものは、「必要なことを必要なだけ述べる。必要とすることを必要な言語的装置によって述べる」ものだとしている点である。「文」自体は、必要なことが必要なだけ表されたものであり、読み手は具体的な場においてそこから意味を作り出している。この言語観は、「言語化された『文』だけで世界と対応していなければならない」とする考え方とは大きく異なるものである。

次章では、ここまで提起しながら持論を示せていない日本語の主語の問題や、「を」をはじめその他の助詞の使用法などについて、文だけで世界と対応させようとする西洋の古典的言語観から離れて考えてみよう。

＊読書案内

・今井邦彦・西山佑司『ことばの意味とはなんだろう――意味論と語用論の役割』（岩波書店、二〇一二年）

意味論について詳しく知りたい人は、まずこれを読んでみるとよいだろう。意味論と一口に言っても様々な考え方があり、それらを概観できる。オンデマンド版が二〇一九年に発売された。

・アラン・クルーズ『言語における意味――意味論と語用論』（東京電機大学出版局、二〇一二年）

意味論に関する知識がそれなりにあって、かつ網羅的に知りたい人におすすめ。本格的な学習者向け。

第四章 「文」とは、必要なことが必要なだけ表されたものである

一人称も二人称も必要なときだけ使えばいい

本章では、「言語化された『文』だけで世界と対応していなければならない」という言語観（ここでは便宜的に論理的言語観と呼ぶ）ではなく、『文』とは、必要なことが必要なだけ表されたものである」という言語観から日本語の「文」を見たらどうなるか、考えてみる。

この言語観に立つのであれば、単語や「文」が現実世界と直接つながっているわけではないことになる。現実の対象を指示しているように思われるのは、単に使用者が主体的にその材料を使って、世界に結び付けているからにすぎない。

日本語の主語の問題を考えよう。

道でビーグル犬を発見して、「ビーグル！」と独白する場合、論理的言語観では「あれはビーグル」のように、指示詞が隠れていることになる。だが、「文」なるものは人間が主体的に使用するものだ。道でビーグルを発見した私の認識の中には、ビーグルしか映っていない。だから「ビーグル！」だけでよくなる。**言語化されていないものは省略されているのではない。最初からないのだ。**

「あれはビーグル」と発話する場合は、どういうときだろうか。これは、誰かと一緒に歩いていて、その人が「あれは何?」と聞いたとしよう。その場合、「あれは」は、自分が指示しているものを相手に伝えている。それに対し、私は「あれはビーグル」と再びその対象を指示して、述語としてビーグルを付け加えている。「ビーグル！」とだけ言うケースでは、「あれは」と対象を指示することを行っていない。最初からないのだ。

　聞き手がもし時空間をともにしておらず、ビーグルを発見したことを伝えたい場合、「ビーグル！」だけでは必要なことが表されていない。犬種を叫んでいるだけの奇妙な人になってしまう。そこで話し手は、別の手段として「昨日、道でビーグル見た」のように、言い換える。こうなると、もう現場性がなくなっているから、別の「文」である。

　教室に入ってきて「あれ、静かだ」と思うとき、主語として「教室が」などを想定する必要はない。**「静か」なのはどこかの場所であるのは確かだ。しかし、人間は「静か」一般を抽象化し、具体的な場所から取り出して思考可能である。**この独り言において私は「静か」一般を抽出したのであって、それを具体的な場所に結び付けたわけではない。

　このように考えるなら「一に三を足すと四になる」も、誰かが一と三を足すと考える必要はまったくない。「一に三を足すこと」そのものを、足す誰かからは独立したものとして抽象化することが人間は可能だし、そうしているのである。「足す誰かがいなくてはならない」とするのは、言語だけで客観的世界と対応していなければならないとする考えから来る。

「溶かした寒天に砂糖を入れ、冷蔵庫でよく冷やしてから食べます。」も同様だ。「食べる」のは誰かが食べるのだから、「一般の人」のような主語がある、と考えるのは論理的言語観だ。だが、「食べる人」を捨てて、「食べる」一般を取り出すことは、言語として何も不思議なことではない。ゆえに、この文に主語はない、とすることができる。

主語は「常にある」か、「そんな概念はいらない」の二分法ではない。主語がある「文」もあるし、ない「文」もある。

敬語が使われるとき、一人称も二人称も出てこないことが多い。論理的言語観の考え方に則ると、人称が出てこなくても、「いらっしゃる」「お食べになる」のような**述語部分にすでに人称が含まれているから**、という説明になる。だが、これは言語化されているものだけで世界と対応させようとするからである。述語部分は言語化されているから、そこに主語も含まれているとしてしまう。

だが、敬語が使われる圧倒的多くの場合では、目の前に聞き手がいる。目上の人が目の前にいるから、敬うのだ。「必要なことが必要なだけ表される」と考えるなら、「私」も「あなた」もそこにいる以上、それを言語に入れる必要がない。無理に主語があるなどと考えなくてもよい。

実際、日本語では、二人で会話する場合、一人称と二人称はほとんど使わない。一人称はまだ使うが、相手を指す言葉（日本語では「あなた」等は使わず、固有名を使うが）は、ほぼ使わなくていい。何せ私は、お付き合いしていた女性の名前を数か月間一度も口に出さずに怒られたことがある（私は相手の名前を呼ぶのが恥ずかしいので、実際ほとんど言語化しない）が、出さなくても会話できてしまう。必要になるのは第三者がいて、その人を他と区別する必要があるときだけだ。

言語の使用において、意味上の主語のデフォルトは自分自身、つまり一人称である。話し手から見て、自分自身は見えないから言語化されない。会話の場合、述語が二人称の時は、「行った?」「食べた?」のような疑問形か、「食べて」のような要請が多くなる。それ以外の三人称については、主語を一回明示すればよいのである。

英語などは、意地でも主語を付け加えるように発展してきた言語なので、それを標準として考えてしまうと、見誤ることにもなりかねない。

英語では何が何でも主語をつけるというのは、意味的な要請（言語と世界を一致させる）というのもあるだろうが、それ以上に習慣の問題である。it seems that とか it is raining、there is ~ の it や there のように、「虚辞」として意味を持たなくても主語の場所に何かを置く習慣が出来上がっている。たぶん、動詞を二番目に置きたいだけだ。

論理的言語観によると、言語は曖昧でけしからんということになるが、なぜ必要なものを必要なだけ表すのだろうか。言葉を現実と一つ一つ対応させていたら、もっとたくさんの文法が必要になるし、単語も必要になる。また、非常に多くの「文」を発話せざるを得なくなるだろう。経済効率のほうが重要なのである。

白馬非馬論

人間は、形容詞なども、単独で抽象化して考えることができる。「赤い」というのは、常に何かが赤いのであって、「赤いもの」は世界中にあるが、「赤」だけを見たことはないはずだ。それにもかかわらず、概念としては「赤」を抽象化することは自然にできる。

ここで、古代中国の諸子《しょし》百家《ひゃっか》の一つ、詭弁で有名な『公孫龍子《こうそんりゅうし》』の議論を紹介しておこう。『公孫龍子』の中でも特に有名なのが、「白馬非馬論」である。なんと、「白馬は馬ではない」と主張しているのである。どう考えても白馬は馬だ。いったいどんな屁理屈が展開されているのだろうか。

白馬は馬ではないというが、よいだろうか。

よい。

その理由は？

馬は形を名付けたものであり、白は色に名付けたものである。ゆえに白馬は馬ではない。

（引用者訳）

「白馬は馬ではない」論はこのように、「白」という色の概念を「馬」から切り離して考えるところに成立している。「白」なるものは、それ独自には存在しておらず、必ずなんらかの物に付随する属性である。しかし、人間は物からは独立していないはずの「白」を、「白一般」として抽出して考えることができる。「色」概念の「白」と「形」概念の「馬」は相容れないので、「白馬」となると「馬」ではもうない、ということらしい。

なお、『公孫龍子』ではこれに続いて、「白馬が馬であるとするならば、黄色い馬も馬であるとしなければならない。」とする。そして、

白馬＝馬

黄馬＝馬
ゆえに、白馬＝黄馬

白馬＝黄馬となるのは明らかにおかしい。ゆえに白馬は馬ではない、と主張を展開するのである。これが詭弁であることは明らかだ。『韓非子《かんぴし》』の「外儲説《がいちょぜい》左上」には「白馬は馬ではない」として関所を通過しようとした兒説《げいえつ》の話が載っている。馬には税金がかかるのだが、その税金を詭弁でごまかそうとしたのである。残念ながら、役人に兒説の論理は通じず、白馬は馬であるとして税金を払わされてしまった。当時、有名な「詭弁」だったのだろう。

いずれにしてもこの議論では、「白」のような色概念を「馬」から分離させて考えている。**「白一般」のようなものを対象から分離して思考できる以上、述語として出てくる「白い」の主語が必ずなければならない、と考えるのは、誤りではないか？**（これも詭弁だろうか？）

「は」は格助詞ではないのか？

ところで、主語はたいてい「俺は」のように、助詞の「は」が使われる。しかしこれは格助詞とは呼ばれない（学校文法では副助詞に分類されている）。第二章で格の説明をしたが、「は」は主格で使われるのに、格助詞には分類されていない。おかしいではないか？　と思われるはずなので、ここで説明しておこう。

「は」は確かに主格を表せる。「私は本を読む」の「私は」は「私が」に言い換えられる。だが主格以外も表せる。

日本ではタランチュラは食べない。
中学生には三角関数が難しい。
彼女とはテニスをしない。

最初の例では「日本では」と、「で」に「は」がついていて、場所を表している。「タランチュラは」の「は」は「を」と言い換えられるから、やっぱり主格ではない。「中学生には難しい」も、「中学生に」ということだから、やはり主格ではない。「難しいのは何か」といえば「三角関数」だから、こっちが主格だ。同様に、「彼女とは」では「と」に「は」がついている。

「は」が「を」とも代替可能だということは、いつも主格を表しているわけではないことがわかる。また、「で」「に」「と」など、他の格助詞につくこともできる。よって主格を表す専用の助詞ではないし、そもそも格を表すための助詞ではない。

では、「は」の正体は何かということになる。「は」は何かを取り立てて主題とする助詞である。主題とは何かを話題とすることで、日本語は主語よりもこの主題が発達している言語だ。このため、「主題卓越型言語」と呼ばれている。「は」に似ている助詞は、「も」である。先ほど挙げた例はすべて「日本ではタランチュラも食べない」のように、「も」に換えることができる。「は」や「も」のように、何かを取り立てる役割を果たす助詞は格助詞ではなく「副助詞」と呼んでいる。

もちろん、その用法は複雑なので、本章ではそこまで掘り下げられない。多くの一般書にも書かれているので、それらを参照してほしい。前章で紹介した金谷氏の本にもあるし、私の『日本語の謎を解く』（新潮選書、二〇一六年）でも比較的詳しく解説している。もう少し専門的でかつわかりやすいものでは、野田尚史『「は」と「が」』（くろしお出版、一九九六年）を読むとよい。

「は」と「が」と「無助詞」

さらに、「「文」とは、必要なことが必要なだけ表されたものである」という言語観から考察を進めてみよう。「は」と「が」は使い方が似ているので、先に挙げた本でもその使い方が対照的に書かれている。ところが実際は、「は」と「が」と「無助詞」の三項対立型ではないか。例えば、

俺、ウナギ。
俺はウナギ。
俺がウナギ。

いわゆるウナギ文というやつで、よく議論に出る。これがおかしいとされたのは、「俺＝ウナギ」だと考えるからだ。もちろん「俺」は、漫画やＳＦでなければウナギではなく人間である。ここでは、例えば料理屋に行って注文する際、ウナギを注文するなら、「俺はウナギ」と言えてしまう場面を表している（ウナギ屋では普通ウナギしか食べないから、ウナギ屋で「俺はウナギ」とは言わないような気がするが、そこはスルーしておこう。本当なら、

「俺はうな重の松ね」などだろう)。

「俺はウナギ」を「俺＝ウナギ」でなければおかしいと考えてしまうのは、これも英語などの言語においてA is Bを「A＝B」と考えているからである。言語化されたAとBだけで完結させようというのである。だが、言語化された要素だけで完結させるという考えそのものを標準とするのが誤りなのである。だから、「俺はウナギ」式の「文」は、何もおかしくない。

「文」は、その文字列がそのまま世界に対応しているのではなく、使用者がその場において勝手に世界に結び付けているのだとすれば、「俺はウナギ」は十分に「文」であり、日常ではそれで世界への結び付けが実現している。

「俺、ウナギ」はどうだろうか。これだけで何物も省略されたものではない、と考えられる。というのも、「俺はウナギ」と「俺、ウナギ」は使用法が異なるからだ。ウナギではなく、寿司が運ばれてきたとしよう。で、同席の人に「これは橋本さんが注文した寿司ですか?」と聞かれたとする。この場合、「俺はウナギ」「俺、ウナギ」のどちらも発話可能だが、前者のほうがいい。前者だと、「(他の人は知らないけれども)俺に関して言えばウナギ(だから、別の人の寿司だ)」ということである。「は」が対比的に意味を追加している。

一方、「俺、ウナギ」は単にウナギを注文したことを言うだけである。注文のシーンで、「俺はウナギ」と言ったら、「他の人はどうする?」のニュアンスが加わるが、「俺、ウナギ」にそれはない。**つまり、「俺、ウナギ」において、もともとあるはずの「は」が省略されていると考えるべきではない。むしろ「俺はウナギ」という発話は、「俺、ウナギ」に「は」を加えたものだと考えるべきである。**

「俺がウナギ」はどうだろうか。ウナギが運ばれてきたとき、誰が注文したかわからないとする。こういったケースでは、「俺がウナギ」と「が」をつけるほうがいいだろう。この場合も、「俺、ウナギ」に「が」が付加されたものだと考えるほうがいい。

この例は、奥津敬一郎『「ボクハ　ウナギダ」の文法』で有名になり、ウナギ文と呼ばれている。奥津の論では、「ボクハウナギヲ注文スル」の意味で「ボクハウナギダ」というのは自然だとしている。しかし、「ウナギを注文する」という意味でもっとも自然な発話は、今取り上げたように、無助詞の「俺、ウナギ」のような発話であろう。「ボクハウナギダ」の「ハ」と「ダ」、とりわけ、「ダ」は余計だ。

奥津の分析によれば、「ボクハウナギダ」の「だ」は動詞の代わりをする代動詞だとする。「ウナギを食べる、注文する」などの「食べる、注文する」を省略して、代わりに「だ」を挿入していると考えるのである。これは次章で見る生成文法の考え方の影響を受けていると思われるが、やはり言語化されたものだけで世界と対応させるという言語観に立脚している。

メニューなどを眺めて、ウナギに決めるとき「俺、ウナギ（ね）」などというのは極めて自然だが、「ボクハウナギダ」は不自然だ。では、どんなシチュエーションなら自然か考えてみよう。

みんなで食事をしているとする。「ボク」はウナギを注文したのだが、そのことをなぜか忘れてしまったとする。そこに、ウナギと鶏のから揚げが運ばれてくる。から揚げが大好きなボクは、から揚げを自分のところに引き寄せようとするが、「それ、俺のだよ」と友達に言われる。そこで一言、「あ、ボクハウナギダ（もしくは、ボクハウナギダッタ）」。

「は」には対比の意味があり、「だ」には主体的に判断する、もしくは気づきを得る意味がある。例えば、遠くにビーグルらしき犬がいるとする。だが、確定はできない。ダックスフントかもしれないし、バセット・ハウンドかもしれない。だんだん近づいてくる。「わかった、あれは間違いなくビーグルだ！」。この場合には、「だ」があるほうが自然である。そこで判断を下したことを表すからである。もし一目見てビーグルだと分かったなら、「ビーグル！」だけでもいいし、ビーグルに気づいたという意味で「ビーグルだ」と言ってもいい。

「だ」があるとないとでは、やはり異なる。「だ」がついていない形がまずあって、必要な場合には「だ」も付加されるのである。

書き言葉ありき？

話し言葉と書き言葉では、どちらが先にあるだろうか？　ほとんどの人は、そんなの、話し言葉に決まっている、と言うだろう。多くの言語には話し言葉しかなくて、書き言葉はない。言葉は第一に話し言葉だ。

本当にそうだろうか？

話し言葉が先にある、と思っている人の多くが、実は書き言葉のほうが先にあると無意識的に思っているのではないか？「俺、ウナギ」を、「俺はウナギだ」の省略、さらには「俺はウナギを注文する」の代用だとする考えなどは書き言葉のほうを先にする思考法である。「言語化された文だけで世界と対応していなければならない」とする言語観でも、書き言葉のほうが暗黙裡に標準とされやすい。

なぜなら、書き言葉のほうが、言語化されたものだけで世界と対応させやすいからである。話し言葉において、話し手と聞き手は同じ時空間に位置しているので、お互いに了解していることが多い。了解事項は言語化しなくてもいい。ところが書かれた言葉はそうではない。話し言葉よりも言語化しなければならない要素が増える。だから、それだけ世界に対応しやすい。

実際の話し言葉を観察すると、断片的で「省略」が多いし、語順も規範的なものとは異なり、スクランブルされやすい。すると、規範的な文（書き言葉として通用するもの）が先にあって、話し言葉はそこから逸脱したもの、省略されたもの、劣ったものとされてしまう。ほとんどの文法論は、こうした思考法に立っている。つまり、標準的な書き言葉を先に考えている。

「俺、ウナギ」のように、助詞のない形は話し言葉では頻繁に使われるが、書き言葉では使われない。そこから、助詞がある形が本来のもので、ない形は正しくないもの、省略されたもの、という考えが引き出される。理性的に整えられたもの（書き言葉）のほうが、本来的なものである、とするバイアスがかかっているのだ。

「必要なことを必要とされるだけ表現する」という考え方からスタートするならば、「ウナギ」→「俺、ウナギ」→「俺はウナギ」→「俺はウナギだ」のように、一語のものも「文」たりえるし、助詞がついていないものも「文」たりえる。そこに助詞も付加されていくのである。

言語学には、話された言葉こそが本来的なものであり、書き言葉は二次的なものであるとする考え方も存在している。同時に、理性的に整えられた言葉こそが本来的であるかのようなバイアスも存在している。この両者の関係は難しい。

話し言葉において、「俺、ウナギ」と、「俺はウナギだ」は明らかに別のものである。とすると、「俺、ウナギ」は話し言葉として、十分に整えられた「文」であるとすることができる。だが書き言葉としては、これは規範にかなっていない。書き言葉は、規範化を経たものであり、純然たる話し言葉とは異なる位相として発展したものだと考えるべきであろう。話し言葉の「文」は、母語話者であれば基本的に誰でも習得することができる。第六章で見る通り、おそらくは生得的である。だが、規範化された「文」（書き言葉）のほうは、その規範を学習する必要がある。純然たる話し言葉も、規範化された「文」も、人間の言語である。位相を見分けつつ、考察する必要があろう。

第五章　自ら動くのか、他に働きかけるのか

自動詞と他動詞と項構造

第一章から第二章で見たように、「文」にとってもっとも重要なものは述語であると考えられる。述語を基盤にして、組み立てられているようなのである。そこで、本章では述語、特に動詞に着目して「文」を考えてみよう。

学校文法では、動詞には自動詞と他動詞があると教わる。英語でも他動詞・自動詞があると教わる。この違いは理解していただろうか。私自身、中学生時代を思い起こすと、今一つ理解していなかったように思う。

他動詞・自動詞と関係が深いのが、述語の「項」という概念だ。述語が選ばれると、それにともなって「なくてはならないもの」が生じる。例えば「美しい」「速い」などの形容詞は、「モナリザは美しい」「ボールが速い」など、意味的に主語（主格）が必要になる。動詞なら、例えば「ドアが開く」の「開く」は、主語しか必要としない。こういう述語は項を一つしかとらないから、一項述語と呼ぶ。そして、主語（主格）のことを必須項と呼ぶ。

一方、「開ける」ならどうだろうか。「開ける」という以上は何かを開けなければならない。「打つ」場合も、誰かが何かを打つ必要がある。一人でバットを振っていても打つことにはならない。「開ける」「打つ」は「～が、～を」と二つの項を要求することになる。このような述語を二項述語と呼ぶ。

「あげる」ならどうだろうか。「あげる」は論理的に言えば、誰かが誰かに何かをあげる必要がある。「俺、花をあげた」という文があったとする。言語化されている要素には「〜に」というのは表れていないが、それでも論理的には必ず誰かにあげているはずだ。相手がいないと「あげる」は成立しない。このような動詞は「誰かが誰かに何かを」なので、名詞句を三つとる。これを三項述語という。そして、「開く」のように「〜が」しか必要としない一項述語が自動詞、「〜を」が必要となり二項や三項をとるものが他動詞と呼ばれる。

第一章で明らかにした通り、文の中で特に明示されるのは、日本語で言えば「が」「を」「に」がつく項だ。そして**どの項が登場するかは、動詞（や述語）がだいたい決めている。**

やっぱり動詞は「文」の核なのだ。

ただ、この項構造、しばしば「動詞が必須な要素（絶対に必要なもの）を決める」というように説明されているのは気にかかる。英語の他動詞は、辞書的には目的語が必須であり、省略できないものだとされているので、こう説明しても問題ないかもしれないが、これは英語中心主義であり、本書で何度も言及している「論理的言語観」である。しかし日本語の他動詞は、「目的語が必須」では形式上はない。むしろ取りうる項ということで、可能項とでも呼んだほうがいいと思う。

英語は「形」が同じ

英語の教学上の文法では、他動詞とは**直接目的語を取れるかどうか、つまり前置詞なしで目的語を取れるかどうかだとされる。前置詞が付くと自動詞扱いになってしまう。**

The man killed the dog.（その男は犬を殺した。）
I am waiting for him.（私は彼を待っている。）

英語の kill は、そのあとに the dog（犬を）と直接続けることができる。このような動詞が他動詞である。だが、wait（待つ）はどうだろうか。日本語だと、「〜を待つ」なのだから、目的語があるような気がする。目的語がある以上は他動詞だろう。

ところが wait は、そのあとに for が続かないと、そのあとに目的語を持ってくることができない。前置詞がある以上、自動詞である。しかし「待つ」のは普通、「誰か」か「何か」を待っているわけだから、kill と同じではないのか？

同じではないところがある。それは**他動性の違い**である。他動性とは、他のものに対する「働きかけの強さ」である。行為の結果、それが及ぶ対象が変化してしまうものがもっとも他動性が高い。まさしく、「他のものが動いている」からだ。

「殺す」場合、相手は死んでしまう。見事に状態が変化している。「割る」も同様だ。「グラスを割る」と言うとき、グラスは割れてしまっている。

「殴る」はどうだろう。これも相手にエネルギーが直接伝わる。顔でも殴られたらその顔もゆがむだろう。だが、「殴る」だけでは、相手がボコボコに変形するところまでは意味に含まれていない。へなちょこパンチでも殴ってはいる。「殺す」に比べれば「他が動く」度合いは低い。

では「待つ」はどうだろう。確かに何かを待つのではあるが、「彼を待つ」とはいっても、直接エネルギーは及ばない。英語で直接目的語を取れないということは、「待つ」は勝手にやっているものであって、彼だとか電車などは動作の直接的な対象とは考えていないのだ。したがって、前置詞のforは動作の対象ではなく、意識が向かう先を示していると解釈される。

ところで私は中学のとき、英語の辞書を引いていて困惑したことがある。killとかeatといった動詞を調べると、最初に「他動詞」とあるのに、後半に「自動詞」と出てくるのだ。「他動詞であり、自動詞になるってどういうこと？　他動詞はだいたい自動詞なの？」と感じたのだった。

「殺す」のは誰かを殺すのでしかありえない。なぜ自動詞とも書いてあるのだろう？　ナイフの素振りでもしているのか？　それ、殺すと言わないだろ？　いったいどういうことなのか？

英語の他動詞は、先に述べた通り、目的語を省略できないことになっている。だから、目的語を取らない用法は、自動詞と分類することになる。自動詞の kill の用例としては kill for money（金のために殺す）というのが出てくる。金のために殺すとはいったって、論理的には誰かを殺しているわけで、論理的言語観からしたらやっぱり他動詞ではないか？

だが、「必要なことを必要なだけ表現する」とする言語観に立つなら、kill に自動詞の用法があるのも不思議ではない。対象は誰でもよくて、とにかく「殺す」の部分だけを抽出して概念化することが人間にはできる。誰かを殺すのではなく、「殺す」一般である。ちょうど、白馬から「白」の概念だけを取り出して考えることができるのと同じである。

「食べる」も同様だ。「食べる」場合、ぜったいに何かを口に運んでいるはずだ。論理的意味（世界との対応関係）で言えば、ぜったい他動詞になるはずである。だが、何を食べたかは重要でなくて、とにかくいろんなものを食べた、ということが表現したい場合もある。そんなとき、I ate（私は食べた）のように、食べたことだけを伝えるような用法も存在するのである。

なお、日本語では「食べた」単独でも使えるが、「ごはんを食べた」のように「ごはん」を加えることが多い。この場合、「ごはん」はお米を表さず、食べ物一般を表す。意識としては何か目的語を加えたいのであろう。

他動詞なのに、辞書で自動詞の用法が出てくることが多いのは、英語でも動作自体を抽出する用法があるからだろう。ただし、次のような他動詞兼自動詞は事情が違う。日本語と対照してみよう。

I broke her glass.　（私は彼女のコップを割った。）
Her glass broke.　（彼女のコップが割れた。）
I opened the door.　（私はドアを開けた。）
The door opened.　（ドアが開いた。）

killやeatは、辞書に自動詞の用法が載っているとはいっても、それは単に目的語を見ないで動作だけ抽出したものにすぎない。が、breakは、「壊す、壊れる」（「割る、割れる」）の意味で使える。「壊れる」は、誰がやったかは不問にして、とにかくコップが割れたことを表す。同様にopenも「開く、開ける」両方で使える。

英語の場合、このように自動詞、他動詞両方ある場合でも同じ形を使用することが多い。一方、日本語は「壊れる、壊す」「開く、開ける」「取れる、取る」「はなれる、はなす」「始まる、始める」のように、自動詞と他動詞がペアになって異なる形を持っていることが多い。**自ら動くのか、それとも他に働きかけるのか、形を変えて表すことができるのである。**

「笑う」「歩く」も他動詞になる

英語では目的語を必ず取るのが他動詞、そうでないのが自動詞、という分け方が一般的だ。ところが日本語では、必ず取らなければならないということはないので、この基準をそのまま採用することはできない。

最も一般的な基準は、「を」を取ることができる動詞を他動詞とする考え方である。だが、ことはそんなに簡単ではない。

　女がその男を　殺した／攻撃した／蹴った／待った／笑った。

「殺した」と「攻撃した」は意味からするとまごうことなき他動詞である。相手がいないと「殺す」も「攻撃する」もしにくい。「殺す」は相手が死ぬという状態変化も含むから、「攻撃する」よりもより他動性が高い。

「蹴る」はどうか。「蹴る」は何かを蹴るとしか考えられないから他動詞である。しかし、「男が蹴った」のように目的語が現れない場合、「蹴る」という動作をしているだけとも取れなくはない。空手などの蹴る練習では、しいて言えば空気を蹴っているだけだ。蹴る動作のみを表すとするなら自分が動いているだけだから、自動詞ではないだろうか？

　では「待つ」はどうだろうか。「電車を待つ」「彼女を待つ」のように「～を」を取るし、「誰か」か「何か」を待たずに待つなんてことは、普通はない。このため、「待つ」は一般的に他動詞に分類される。英語とは解釈が異なるわけだ。

「笑う」ならどうか。「笑う」は勝手にできる動作であり、自動詞に分類するのが普通だ。

だが、「〜を笑う」ことも可能である。「を」を取りうるかどうかという基準だと、他動詞になってしまう。勝手に笑うのは自動詞、誰かを笑う場合は他動詞、とみなすべきかもしれない。

どうも面倒だ。いっそのこと、「〜を」を取れる動詞は全部他動詞に分類してしまえ、という考えもある。

ただ、そうすると、「歩く」「走る」「飛ぶ」などの移動動詞はどうなのか、という問題が生じる。「〜を歩く」「〜を走る」などの移動を表す動詞は、「〜を」の部分は移動の経路を表しているだけで、動作の対象を表していない。自分で動く動詞なのだし、他の言語も視野に入れる研究ではこういうのは他動詞には分類しないことが多い。

ではなぜ、日本語では「歩く」「走る」「飛ぶ」みたいな動詞まで「〜を」をともなえるのだろう？　日本語はどこか変なのだろうか？

「を」と「に」

ここで、「自動詞」の「自」という文字に着目してみよう。訓読みは何になるだろうか。「みずから」と「おのずから」がある。「みずから」とは、自分の意志で、ということ。「おのずから」は自然と、勝手に、の意味である。

自動詞とされるものには、「みずから」行うものと、「おのずから」発生するものの二種類がある。自動詞と他動詞がペアになっているものから見てみよう。


　壊れる、壊す／開く、開ける／取れる、取る／はなれる、はなす／始まる、始める

このように並べてみると、「壊す、開ける、取る、はなす、始める」という他動詞はすべて主体が動く行動である。

一方、ペアになる自動詞「壊れる」「開く」「取れる」「はなれる」「始まる」は、主体の能動性は感じられない。何かの事態が「おのずから」発生したことを表す。「ドアが開いた」という場合、誰かがドアを開けたかどうかは問題ではない。とにかくドアが自然と開いたことが言及されているのだ。「始まる」もそうで、誰かが始めているのかもしれないけれども、自然とそれが開始したと述べる。

次に、ペアがない自動詞を見てみよう。

「歩く」「走る」「飛ぶ」はすべて主体が意識的に行う動作である。「笑う」も「待つ」も同

様だ。

一方、「眠る」「死ぬ」「降る」はどうか。「眠る」は意識的にすることもできるが、どちらかというと眼を閉じている間に眠るものだし、「死ぬ」は意識的にできない。「降る」の主語は「雨」や「血」など、意志を持って動けないものである。こういう動詞は、「みずから」行うものではなく、「おのずから」発生する出来事である。

このように分けてみると、「みずから」行うものは、「笑う」「待つ」だけでなく、「歩く」「走る」「飛ぶ」なども、「〜を」をともなうことができることがわかる。とすると、「道を歩く」と言うとき、**主体の能動的な動作が道に及んでいると日本語では考えていると、捉えることができる。**

「私は眠る」「彼が死んだ」「雨が降った」など、「おのずから」発生することは、主語は取れるが、「〜を」取ることができない。「沈む」などは、一見すると移動を表すから、「歩く」に近い。しかし「〜を沈む」とはいいがたい。「海を泳ぐ」とは言えるが、「船が海を沈む」とは言えないのである。その場合、「海に」と、「に」にしなければならない。

もちろん、例外はある。「噛みつく」など、みずから能動的に行う動作だし、しかも相手があるわけだから他動詞である。しかし、「犬が猫に噛みつく」のように「〜に」しか取れない。なぜか。これは、後ろの「つく」に引っ張られた結果だろう。「つく」は「おのずから」発生する系統の自動詞であり、非意識的である。

　このように考えれば、なぜ「歩く」「走る」「飛ぶ」が「を」をともなえるのか、理解できる（ような気がする）。文法形式として日本語では、主体的・意識的動作であるかどうかを、動作が対象に及ぶかどうかよりも重視しているように思われる。

日本国憲法に現れる「これ」

　余談だが、英語の他動詞が目的語を必ず表さなければならない理由を考えてみよう。日本語では、「開く」「開ける」のように自動詞と他動詞で形が変わるけれども、英語にはそういう形がない。だから、目的語を表さないと、他動詞か自動詞かわからなくなってしまうことがある。とすると、it（それ）のように大して意味がなくても、目的語を形式として表す合理的な理由があることになる。

　これに関連して、現行の日本国憲法には、現代の私たちからすると謎の目的語がしばしば現れていることがわかる。

　第九条の二項を見てみよう。

> 前項の目的を達するため、陸海空軍その他の戦力は、これを保持しない。国の交戦権は、これを認めない。

「陸海空軍その他の戦力は、これを保持しない」「国の交戦権は、これを認めない」の「これ」、いらなくない？ と思わないだろうか。「国の交戦権は認めない」でまったく問題ないはずなのに、なぜわざわざ「これを」なんて入っているのだろうか。これは、日本国憲法が漢文の訓読体であることに関係している。戦争が終わったころの硬い言葉は、漢文訓読体を用いるのが普通だったのだ。漢文とは古典中国語であるが、古典中国語も他動詞と自動詞の区別が形の上ではない。他動詞であることを明示するためには目的語を何かつけなければならない。このため、「不認之（これを認めず）」のように、意味的にはなくてもいいはずの目的語「之」が必要になる。

現行の日本国憲法にやたらとなくてもよさそうな「これを」が多いのは、漢文のこういう語法の影響を受けているためである。

さて、ここまで一応なじみがある（はずの）学校で教わった文法項目を出発点に、「文」なるものを考えてきた。ただ、学校文法だけで「文」を考えるのはやはり限界がある。なにせ、学校文法は戦後すぐの状態からほとんど変化していないので、二〇世紀中盤以降に行われた言語学の議論をほとんど反映していないのだ。

というわけで次章は、一九五〇年代後半以降、極めて大きな影響力を持った理論である生成文法の考え方から、「文」を考えてみよう。

第六章　ＡＩが人間に近づくのではなく、むしろ人間がＡＩ？

言語学の革命

第一章で、チョムスキーという学者が、Ｓ＝ＮＰ＋ＶＰとしたことを取り上げた。さらに詳しく取り上げると、文は以下のように解析される。

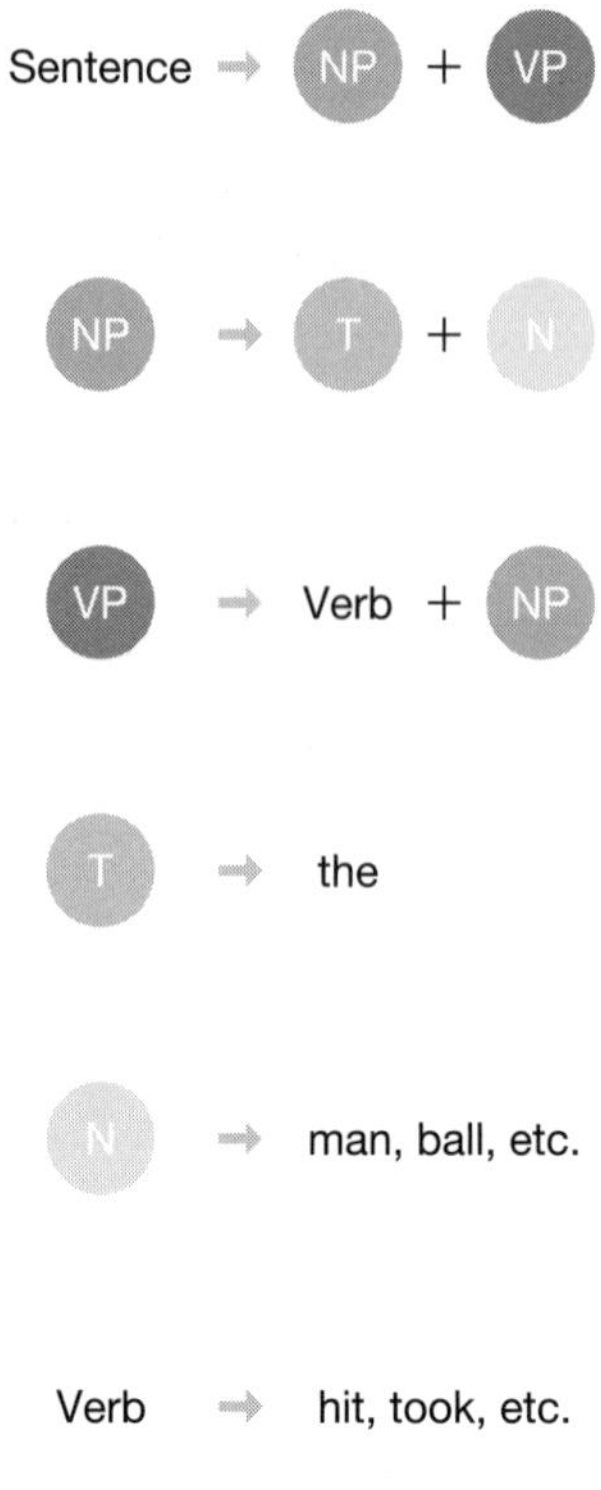

これは、Ｓ（文）なるものは、ＮＰ（名詞句）とＶＰ（動詞句）からなっているが、ＮＰはＴ（冠詞）とＮ（名詞）からできていて、ＶＰは動詞と名詞からできている、というよう

な規則を書いたものだ。

なんだこれは、まるで数式のようではないか？　そうなのである。あたかも数学のごとく、文法を解こうとしているのだ。この式は、チョムスキーの出発点となった書『統辞構造論』（一九五七年）に載っているものだ。チョムスキーの理論は生成文法と呼ばれ、言語学における革命と位置付けられている。二〇世紀の中盤以降の言語学を考える際、生成文法は避けて通れない。本章では、生成文法の考え方では、「文」とはいかなるものとされているか紹介しよう。

言語を生み出す能力

言語、および「文」なるものは、いったいどこに存在しているのか？

本の中か、それともコミュニケーションの中か？　あるいは社会の中なのか？

いや、そうではない。言語を使い、「文」を発するのは人間だ。では人間のどこにあるのだろうか？　あるとすればそれは心の中だ。間違っても足や尻にはない。では、心とは何か？　脳である。生成文法は、言語を心的実在と考える。心のありかは脳だから、脳の中に実在するのが言語だ。では、脳に実在する言語とはいったいどんなものか。

何語を母語にするにせよ、人間は生まれてからだいたい数年で使えるようになる。どうやって学んでいるのだろうか。周囲から聞いた言葉をそのまま暗記しているのだろうか。

そうではない、とチョムスキーは考える。私たちは脳の中に言語を生み出す仕組みを生まれながらにして持っていて、日本語だとか英語を親などから聞くことによって獲得するのだという。苦労して学ぶ技術というより、人間なら立って歩くとか鳥なら飛べるとか、勝手にできるようになる基本的能力なのだ。

それはそうだろう。人間は生まれながらにして言語を使う能力を持っている。

チョムスキーは、この生まれながらにして持っているような能力、言語を生み出す仕組み、脳の中にインストール済みのそれを解き明かすことこそ、言語学の目標だとした。そして、この言語学は自然科学であり、自然科学の方法を用いるのだとした。

それだけではない。脳にインストール済みの言語を生み出す仕組みは、人類に共通のものだと考えた。日本語だろうが、英語だろうが、ブルシャスキー語だろうが、一緒だというのだ。そして、これを普遍文法（universal grammar）と呼んだ。

きわめて魅惑的な考え方ではないか？　すべての言語に共通する仕組みが明らかになったら、人間の本質がわかるような気がする。生成文法が一世を風靡することになったのは、当然と言えば当然だろう。

文法とは計算システムである

普遍文法なるものが解明できるなら、それはすごいことだ。だが、問題はそんなに簡単にはいかないということだ。

私たちは普段、英語だとか、日本語だとか、具体的な言語を使っている。それらは観察できる。だが生成文法が考える全言語に共通のルールとは、そうした個別言語を生み出す仕組みそのものだ。それ自体は観察不能である。英語や日本語など、個別の言語の観察を通じて間接的にしかアプローチできない。だから、普遍的な特徴を見つけ出そうとしているのに、実は英語の特徴がわかっただけ、というようなことにもなりかねない。

そこで取られている方法は、文法を数学的に扱うことである。さらに言えば**文法を計算システム**ととらえる。できあがった「文」ではなく、その計算システムのほうを、「文」の本質ととらえるのである。

生成文法では、言語が人間の他の認知機能とは独立したモジュールであると考える。そして、その主な研究対象は統語論である。統語とは、要するに語がどのように配列されていくのかを説明するものだ。この、語を並べていくような計算システムが人間言語に特有なものであり、また意味などからは独立しているとされる。

だから私たちは、文法的ではあるが意味不明な「文」を作ることができる。こんな文章はどうだろうか。

> 公園はその時刻、魔法の泉の上にブロンドの両手をひろげていた。意味のない城がひとつ、地表をうろついていた。
>
> （アンドレ・ブルトン『シュルレアリスム宣言・溶ける魚』、岩波文庫）

シュルレアリスムの開祖、ブルトンの書いたシュールな文章である。適当に言葉を並べているだけのようだ。意味はまったくわからない。だが文法には合っている。その証拠に、頑張って意味を取ろうとすればできなくはない。「魔法の泉」が何かはわからないが、まあ泉だ。泉のくせにブロンドの両手があるらしい。意味のない城が地表を歩いているらしい。可動式のようだ。「歩く」というくらいだから、足がついているのかもしれない（というか、意味のある城なんてあるんだろうか）。

文法とは語を配列する計算システムであるとすると、まるでコンピュータだ。生成文法は人間の言語を、コンピュータのように扱う。

ＡＩがどこまで人間に近づけるか、という話をしばしば聞くことがある。完全にプログラミングされたＡＩはほとんど人間になれるのではないか。そういうモチーフのＳＦもある。生成文法のような考え方はこの逆だ。むしろ人間こそＡＩみたいなものなんじゃないか？

私は自然科学のことはよくわからないが、最近では魂のようなものは否定されているし、人間の死についてもコンピュータのスイッチオフみたいなものだと書かれているのを読んだことがある。そうすると、人間をＡＩのように扱ってもよいのかもしれない。

人間の脳はコンピュータのようだ、と。

深層構造と移動

人間言語の特徴は、無限に「文」を生み出せる点にある。そんなに多くの「文」を暗記しているわけがない。だから語を組み合わせて「文」にする仕組みは、比較的単純な規則であろう。チョムスキーは数学的手法に則り、文法にはまずあまり多くない基本的な単位があって、それにいくらかの規則が適用されることによって、無限に「文」が作り上げられる（生成される）と考えた。

一九五七年の『統辞構造論』では、本章の冒頭にあるような分析をしていたが、これだけではまだ「文」を無限に生み出すシステムの説明としては不十分であった。そこで、次の段階で持ち出したのが、移動の概念である。英語の疑問文を考えてみよう。

He eats chocolate.（彼はチョコレートを食べる。）

What does he eat?（彼は何を食べますか？）

英語では、「彼はチョコレートを食べる」と言いたい場合、He eats chocolate. という。では、「彼は何を食べるのか」と聞きたい場合、どうなるだろう。「チョコレート」の部分が「何」に代わるのだから、そのような入れ替えを適用するとHe eats what? になるはずだ。だが、実際にはWhat does he eat? が正しい英語の文である。

ここで登場するのが「移動」である。実はHe eats what? の形がまずあって、そこからwhat が文頭に移動し、なおかつ does が追加されることによって What does he eat? ができる、と考えるのである。

もう一例挙げよう。「彼はその家を建てた」は「家」を主語にすると「その家は彼によって建てられた」になる。この二つはだいたい同じことを言っている。英語では両者は次のようになる。

He built the house.（彼はその家を建てた。）

The house was built by him.（その家は彼によって建てられた。）

もともと最後にあったthe houseが文の頭に移動し、be動詞のwasが追加され、builtが過去分詞になってその後に回り、先頭にあったheがby himとbyをともなって一番後ろに来ている。中学校のときにやった英語の書き換え問題だ。このように、疑問文や受動文は、普通の文（平叙文）から変形されてできると考えた。

同様に生成文法では、文を基底の構造（深層構造）からの移動と変形で表向きの構造（表層構造）が出来上がると考えられるようになった。いわば二段構えによって「文」が生み出される規則を理論化しようとしたのである。よって、この時期の生成文法を変形生成文法と呼ぶことがある。

なぜ、深層構造と表層構造の二段構えで説明などという方策を取るようになったのだろうか。

ここにも、本書が仮に論理的言語観と呼んでいる思考法が関係している。論理的言語観では、「文」と対応する客観的な世界がその「文」の意味であると考える。「彼はその家を建てた」と「その家は彼によって建てられた」は、客観的には同じことを言っている。とすれば、同じ意味であるのに、二つの異なった形があることになる。

逆に形式は同じであるはずなのに客観的には違う意味を表すことがある。例えば次の「文」で、頑張ったのは先生だろうか、生徒だろうか。

　先生が生徒に頑張って本を読ませた。

どちらとも取れるだろう。先生がなんとか頑張って生徒に本を読ませたとも取れるし、生徒が頑張って本を読んだとも取れる。この曖昧性を理論的に説明したい。そこで、深層構造という理論的構築物を作り出して、これを客観的世界に対応させる。そしてそれになんらかの規則を加えることで表層構造が出来上がると考えた。

「彼はその家を建てた」と「その家は彼によって建てられた」は、同じ意味なので（つまり客観的には同じことを表しているので）、深層構造は同じである。よって、「彼はその家を建てた」に変形規則を当てはめることによって、「その家は彼によって建てられた」が派生する（生成される）とするのである。

また、「先生が生徒に頑張って本を読ませた」は、二つの異なった意味がある。これは深層構造では二つの違った構造をしているものが、表層で一つになっているのだと説明できる。深層構造は次のように考えることが可能である。

〔先生が生徒に頑張って〔生徒が本を読む〕させた。〕

〔先生が生徒に〔生徒が頑張って本を読む〕させた。〕

まず前者は「先生が生徒に頑張って〜させた」の構造を取っていて、頑張ったのは先生である。で、「〜」のところには「生徒が本を読む」という文が埋め込まれている。一方、後者の深層構造では、「先生が生徒に〜させた」があって、「〜」のところに「生徒が頑張って本を読む」が埋め込まれている。この場合、頑張るのは生徒になる。

さて、このままの文では、表層構造として不自然である。なにより、埋め込まれた部分に「生徒が」という主語がもう一度出てきていることが気になる。そこで、「同じ名詞を削除する（同一名詞句削除）」という規則が適用されることにする。また、「読むさせた」のところにも規則を適用させることにする。そうすると、前者も後者も「先生が生徒に頑張って本を読ませた」という表層構造が生成されることになる（なお、この時期の生成文法の考え方を日本語に当てはめて説明したものとしては柴谷方良『日本語の分析』大修館書店、一九七八年が比較的理解しやすい。この例も柴谷による）。

この深層構造の考え方からも、言語化された文字通りの意味だけで世界と対応させようとする欲望が見て取れる。「先生が生徒に頑張って本を読ませた。」では、主語として「先生」が出てきているが、先生がするのは生徒に読ませることであって、読むことではない。ということは、「本を読む」の主語であるはずの「生徒が」は言語化されていない（「生徒に」の形で出てはいるが、これは主語ではない）。つまり、文字通りの文が世界と対応していない。そこに深層構造を仮定すれば、こちらが世界と対応してくれるではないか。

深層構造の考え方が広まると、論理的言語観による欲望は暴走を始めた。

深層構造はすべての言語で共通であるとする考えが誕生したのである。この考えによれば深層構造は同じだけれども、適用される変形規則が異なるので、個別の言語の表層言語は異なるということになる。「深層構造」という言葉は一時期、生成文法の範疇を超え、言語学の範疇をも超えて、その他の領域でも使用されるようになった。

深層構造こそが論理的で普遍的であり、それは全言語に共通。そのうえで、そこからの変形ですべての言語を説明できるとするなら、欧米の知的欲望は大勝利を収めることになる。たくさんの人が色めき立ったのは想像に難くない。ところがチョムスキーはこの考えを誤解と認定し、後に「深層構造」という言い方をやめるが、そうした誤解が広まったのはひとえに欧米の知において、論理＝普遍＝意味の考え方がされがちだからであろう。

だが、この考え方が勝利するためには、全言語共通の深層構造を見つけなければならない。

これが難しい。英語話者は英語を中心に考えて、それを別の言語に適用しようとしていくことになるけれども、それでは英語だけに通用するルールを「普遍」と勘違いしてしまいがちだ。とはいえ、数多くの言語を観察すればするほど、何が「深層」であり、移動や変形の規則はどれだけあるのか、よくわからなくなってしまう。大量の変形規則が提案され、おそろしく複雑になってしまったのである。

シンプルな規則を打ち出そうとしたのに、これでは本末転倒ではないか。

普遍化し、抽象化せよ

生成文法の理論はとにかく難解だ。なにせ、普遍的な規則を見つけようとしている。規則を見つけようとするなら、個性重視ではだめだ。個性を取捨して一般化しなければいけない。一般化するとは抽象的にするということだ。まして生成文法は数学的に理論を組んでいるので、数学嫌いにはつらい。

続いて登場したのが、「原理とパラメータ」理論である。次の単純な例で日本語と英語を比べてみよう。

I eat an apple.
私はリンゴを食べる。

生成文法では、「文」の構造を示すのに樹系図を用いる。この例文を単純な樹形図で書くと**図3**のようになる。

このように抽象化した図では、日本語と英語の違いはＶＰのＶ（動詞）とＮ（名詞）の順

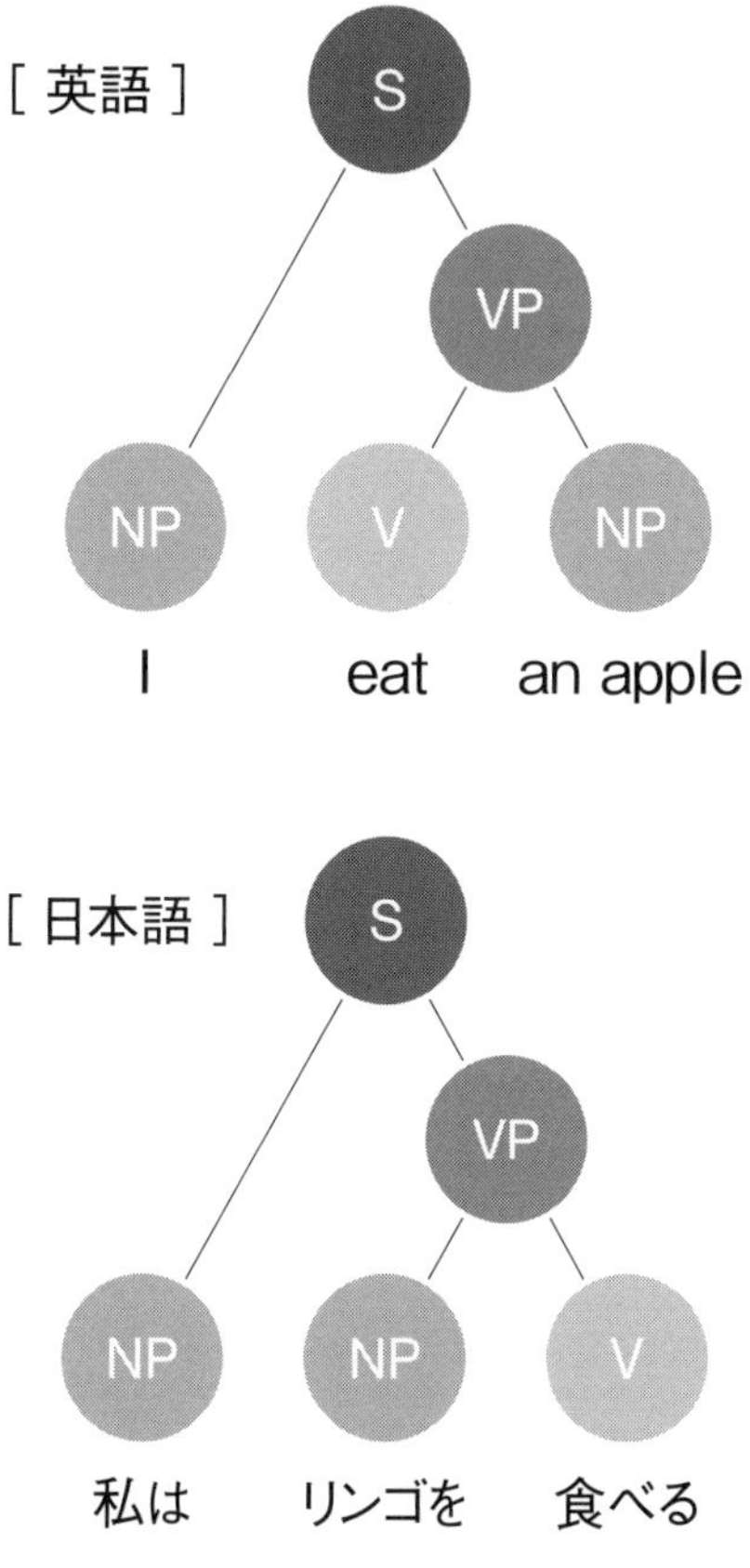

図３　英語と日本語の文章の構造比較

番が入れ替わっているだけで、よく似ていることがわかる。英語の動詞句は動詞が先に来て、日本語の動詞句では動詞が後になっている。名詞句の例も見よう。

toilet in the library
図書館の中のトイレ

日本語では、修飾語が先で、名詞の「トイレ」は後ろにある。一方、英語では名詞が先で、修飾する要素は後ろについている。このように、動詞句でも名詞句でも、その主たる要素（動詞句なら動詞、名詞句なら名詞）は日本語では後ろ、英語では前に来る。そうした要素のことを主要部と呼ぶ。英語は主要部先行型、日本語は主要部後置型と分析可能だ。

「原理とパラメータ」理論では、言語の普遍性について、さまざまなパラメータを設定する。主要部が先に来るか、後ろに来るか、というのもその一つだ。中間はない。パラメータは常に二者択一である。普遍文法には、このようなAかBかの二者択一がたくさんあって、そのどちらを選ぶかで日本語だとか英語だとかの個別の文法になる、と考えたのだ。

二者択一式で考える。デジタル思考だ。

この考え方でも、言語の普遍性はある程度とらえることができる。しかし、普遍文法を完全に表すことは難しい。すべての言語を射程に入れようと思うと、途方もない数のパラメータを設定しなければならないように思われたのである。

ミニマリスト・プログラム

その後の生成文法では、より単純な仕組みで「文」を説明しようとしており、「ミニマリスト・プログラム」と呼ばれている。ミニマルな仕組みで説明しているというのだから、簡単になったのかと思いきや、さらに難解になっている。

ミニマリスト・プログラムでは、基本的にはマージ（併合）という操作だけで考えようとする。マージ（併合）とは、単純に言えば二進法である。長い単語の列を説明するのに、Ａという単語にBを併合したものをＡＢとすると、そのＡＢがまた一つの単位となる。それにさらにCを併合、というように、二つの単位をくっつけて考えるイメージである。従来にもましてコンピュータのプログラムのようである。文法をコンピュータの計算のように理論化するのは、ミニマリスト・プログラムにおいてより鮮明になっている。

ミニマリスト・プログラムの細かい理論については本書では述べられない。それはさておくとして、文法は複雑だと思われているけれども、それを支えているプログラム（と言っていいのかはよく分からないけれども）は、実は単純なのではないか、との考えには私も同意する。つまり、単語と単語をドッキングして、単純な節を作り上げる（学校文法で言えば、文節に近いもの）。これが基本単位となる。さらにその基本単位をドッキングする。このドッキングの操作を何度も繰り返して「文」を作り上げる。

子供の言語習得の観察から、ドッキングのイメージを示してみよう。子供は最初、「パパ！」とか「ワンワン」のような一語文からスタートする。この段階ではまだ「文法」があるようには表面上見えない。ここから語と語のドッキングが始まる。

私の息子の場合、最初の二語文に相当するのは「プップ（スープの意味）、たい（「ほしい」の意味）」のような発話であった。欲しいものをまず言ってから、「たい（たぶん、～「したい」の「たい」だけを学んだもの）」をつけるものであった。

次の段階では、「ママ、来る」のような発話もあった。「プップ、たい」の場合には、「プップ」のほうは「たい（欲しい）」の目的語に意味上は当たるが、「ママ、来る」の「ママ」は主語である。二語文の段階ではどうも、述語とあともう一つ何かをドッキングしているようであった。

もう少し成長すると、「たい」の部分が複雑化して、「見たい、食べたい」のように言えるようになり、「食べた」のように「た」をつけることも学びだす。述語を複雑にすることを学ぶらしい。また、述語以外の部分にも助詞が付き始める。例えば、「スプーンで食べる」「ママが来る」「にゃーにゃがいたね」「そうちゃんもやる」「電車、欲しい」などである。述語の部分に助動詞が付き始め、名詞部分に助詞が付き始めるのである。単語＋単語だったものが文節＋文節になっていく。名詞に助詞をドッキングさせると一つの塊になり、述語に助動詞を加えると一つの塊になる。そしてその二つの塊をドッキングすることを覚えるのだろう。

文節単位で一語と考えるなら、「スプーンで食べた」「そうちゃんもやる」などは二語文だが、初期よりも複雑である。複雑ではあるが、操作としては述語に助動詞を加えること、名詞に助詞を加えること、その二つを組み合わせることなので、単純化すると三つの工程しかない。二語文としてはこのほかにも、ほぼ同時期に「黒いのにゃーにゃ」のように、「修飾語＋名詞」の形もできるようになる（私の息子は形容詞＋名詞を作るのにも「の」を入れていた。「名詞＋名詞」の場合に「の」がつくので、そのルールを適用したのだろう。何かルールを学んで、それを過剰に適用してしまうことを過剰一般化と呼ぶ）。

次に現れるのが三語文だが、二語文ができるようになると簡単のようである。ある日、私が放屁すると、二歳になりたての息子は「パパからブーが出たねえ」と発話したので、感動した。「パパから出た」も「ブーが出た」もすでに言えるわけで、あとは「パパから」と「ブーが」を並べるだけである。

翌日、私がまた放屁したところ、今度は「パパがブーしたねえ」と言った。述語に対して、名詞句を二つ以上追加するルールをだいぶ学んでいるらしいことが分かった。子供は述語の塊Ｂに対して、何らかの塊Ａを付け加えることをまず覚える。Ａは「公園で」とか「電車（を）」「ママが」「お尻から」のように様々な格の名詞句である。これらを仮にＡ１（で）、Ａ２（を）、Ａ３（が）、Ａ４（から）などとラベリングしたとすると、三語文の段階ではＢに対して複数のＡ（Ａ１とＡ２のように）をドッキングすることを学んでいるのだと考えられる。

日常的な通常の会話は、実はそんなに複雑ではなく、節と節のドッキングもそれほど多くない。だから、人間であれば普通は習得できる「文」を生成する仕組みは、意外と単純なドッキングなのではないだろうか。

なぜ数学で表すのか

自然科学を標榜する生成文法が目指すのは、脳にインストールされている言語機能を計算システムとして解明することである。ところで自然科学を標榜すると、なぜ数学的に表されることになるのかという疑問が浮かぶ。

西洋哲学の始まりは古代ギリシャにあるが、この時代ですでに、宇宙なるものは数学的に説明するものだという思想があった。いや、数学で説明するものだというより、そもそも宇宙は数学的に作られていると考えていたようだ。宇宙は、カオス（混沌）ではなく、コスモス（秩序立ったもの）とされる。

プラトンは、宇宙が正多面体からできあがっていると考えた。宇宙は、実は正四面体、正六面体、正八面体、正十二面体という均整の取れた図形から成り立っている。だからこそ完璧で美しい。そもそも宇宙には完全な秩序が存在するのだから、数学で説明するのは当然なのだ。生成文法の思考法には、こういうギリシャ時代からの思考法が息づいているように思われる。

人間言語は、脳の中に「実在」する。その「実在」は、文化や人種にかかわらず、「普遍」である。「普遍」は真理である。真理は数学、ひいてはその延長線上にある科学で捉えるべきものである。実在であり、普遍であり、真理であるようなもの、それが「本質」である。生成文法を好む人たちは、こうした思想を自明のこととして受け入れているように思われる。

＊読書案内

・ニール・スミス&ニコラス・アロット『チョムスキーの言語理論——その出発点から最新理論まで』（新曜社、二〇一九年）

生成文法に関する入門的な本はたくさん出ているが、どれも簡単ではない。類書をたくさん読んで理解するしかないだろう。言語に関する思想面では、こちらが本格的でまとまっている（が、簡単ではない。覚悟がある方はぜひ）。

第七章　認知主体としての人間に焦点を当てた考え方

言葉や文法を経験主義的に考える

ヨーロッパの哲学には、経験主義と合理主義という対立がある。経験主義とは、人間の知識はすべて生まれてからの経験に由来すると考える立場のことで、合理主義とは、人は経験する前から生まれながらにして観念を持っていると考える立場のことである。

前章で見た生成文法は、合理主義の系統を引き継ぐ言語論なので、文法も生まれながらにして頭の中に組み込まれていると考えるし、語彙《ごい》についてもある程度は生得的と考える。極端な論者だと、語彙についても五万語にもおよぶレベルで生得的に持っているとまで考える。

生成文法の考え方と対比的な理論に、認知言語学というのがある。認知言語学では、人間の主体性や経験を重視する。文法を自立した計算システムと考えるのではなく、私たち人間の身体と、環境との相互作用や、ものごとのとらえ方から言語を規定しようとする理論で、経験主義寄りのアプローチである。本章では、認知言語学の観点から言語や文法とは何かについて考えてみよう。

比喩と拡張

現実と言語を一対一で対応させたいと考える言語観では、言葉の「文字通りの意味」こそが本来的なものであると考えられていた。このため、比喩のようなものは、不真面目なものであり、周辺的な言語使用と考えられることが多かった。認知言語学では、この比喩に着目した。人間の言語は、思ったよりも比喩的な用法が多いのである。

一例として英語のrunについて考えてみよう。厳密に世界と対応させたいのであれば、人間、もしくは動物の類が、すべての足を地面から離しつつ、前に進んでいくような動作を表すことになるだろう。だが、実際にはそれだけの意味に使われるわけではない。runがどのように使われているか、ジーニアス英和大辞典から拾ってみよう。

The boy hit her on the head and ran.（少年は彼女の頭をなぐって逃げた。）
The racing car is running at full speed.（そのレーシングカーは全速力で走っている。）
The river runs into the Pacific Ocean.（その川は太平洋に注いでいる。）
This old clock doesn't run.（この古時計は動かない。）

最初の例では、「逃げる」の意味でrunを使っている。逃げるときはだいたい走っているし、この場合の少年はたぶん走って逃げたのだろう。とはいえ悠然と歩いて逃げても、車で逃げても、runはrunだ。「走る」から「逃げる」に意味が拡張しているのである。すでに一対一対応ではない。「非論理的」だ。理想は崩れている。

次の例では、レーシングカーが走っている。「これは文字通り『走る』の意味だろ？」と思うかもしれない。いや、論理的言語観ではそうはならない。「走る」というのは生物が足を使ってするものだ。車に足はついていないし、現実として生物が「走る」のとはずいぶん違う動きをする。人間や犬などの「走る」を、車輪で動く機械に転用して使っているだけなのだ。

三番目の例では、川が走っている。川は走るわけがない。けれども、川が流れていることは、走っていることに似ていると考えることができる。最後の例では、時計が動くことをrunと言っていることがわかる。日本語では「時計が走る」とは言わないが、チクタク動く様子に、「走る」の語を転用する感覚はわからなくはない。

これらの用例は、どれも比喩的に拡張されたものだ。人間の認知能力には、基準となる何かと比べて、別の何かが同じであるとか、似ているとか、判断する能力が備わっていて、どうもそれが単語の意味を拡張させていくものらしい。

例えば、犬について考えてみよう。柴犬とプードルとチワワとビーグルは形状がかなり違うが、同じ「犬」であると認識できる。これは、すでに知っている犬と比べて、同じカテゴリーであると判断しているわけだ。一方、アフリカに行って、ハイエナに出会ったとする。ハイエナに関する情報をまったく持っていないとしよう。そんなとき、人間はどのようにその未知の動物を認知するかというと、「犬が大きくなったような動物」のように把握するだろう。

人間の認知能力からして、何かと何かが似ているとか、同じカテゴリーであるとかいう判断を行っているので、それが言語にも表れるのである。

先ほどrunの例で示したような比喩的拡張は、言語が現実と一対一で対応することを阻害する。だが、これらをすべて別の語に置き換えるとなると、えらいことになる（「置き換える」も、別に置くわけではないし、「えらいこと」も「えらい」わけではない）。車が走ることを表す、明瞭《めいりょう》な単語が新たに必要になるだろう。川が流れることを表す語も必要だろう。時計が動くことを表す単語も何か作らなくてはならない。

あまりにも面倒だ。そんなことはせず、人間言語はすでに知っている単語を、類似しているものや出来事に当てはめていくのである。

文法も比喩的に拡張する

認知言語学では、文法も生成文法のような規則とは考えない。むしろ、言語使用の慣習によって定着したものだと考える。すべて慣習で説明するのは苦しいような気がするのだが、そこは西洋式の思考方法、つまりＡではなくＢと言いたがる方式なので、生成文法と二項対立的に叙述されることが多い。実際には、文法は新しい「文」を生み出すための規則でもあるが、慣習によって定着する面もある。

認知言語学では、文法も使用していくうちに比喩的に拡張すると考える。例えば、英語のＳＶＯの形式は、典型的には「ＳがＯに対して〜する」を表す。例えば、I broke the door. ならば、私という行為をする人間が、ドアに対して何かして壊したという意味であり、エネルギーが主語である「私」から目的語である「ドア」に移動している。

しかし、同じ文型を取っていても、このような典型的なＳＶＯとは異なることが表されていることがある。

My guitar broke a string.（私のギターの弦が壊れた。）

My guitar broke a string. は、先ほど挙げた文 I broke the door. の I が My guitar に、the door が a string に替わっただけであるから、「私のギターが一本の弦を壊した」になりそうだ。だが、これだとギターが意思を持っていることになってしまい、ＳＦのような特殊な設定でなければありえない。実際には、ギターの弦が一本切れたことを表しているだけだ。

では、なぜＳＶＯの形を転用しているのだろうか？　ギターの使用者が、ナイフを持ってきて自分の意志でギターの弦を切ったなら、たぶんこういう言い方はしない。使用者が自分の意志とは関係なくギターの弦が切れてしまったようなケースでは、あたかもギター自身が弦を切ったように感じるだろう。そのような人間の「捉え方」を反映して、ＳＶＯの形式を拡張し、用いていると考えられるのである。

日本語でも、自分の使い方が悪くて切れたにもかかわらず「ギターの弦が切れた」のように、勝手に切れたような言い方をすることがある。これも、同じような捉え方の反映と考えていいだろう。

また、次のような例はどうだろうか。

I feel happy.（私は幸せを感じる。）

I become doctor.（私は医者になる。）

これらの例は、受験英語のいわゆる五文型ではＳＶＯではなくＳＶＣと学習したものである。「ＳＶＯとの見分け方」などといった問題を解いた記憶がある人もいるだろう。なんでこんな分け方をしなければならないのか、よくわからなかった人も多いだろう。

これも、ＳＶＯのＯが目的語だとすると、それは主語の行う動作行為が向かう対象でなければならない。ところが、I feel happy. や I become doctor. に出てくる「私」はそもそも行動していないし、「感じる」というのも、具体的な対象に働きかけるわけではないから、意味的に言ってＯではないことになる。

だが、ＳＶＯとＳＶＣは、形的には同じだ。動詞が真ん中にあって、その前に主語がある。すると、実のところ□Ｖ□という同じ形式を拡張して多様な意味を表しているのであって、ＳＶＯとかＳＶＣと分けて考えるのは、論理的な見方なのである。

「を」の拡張

文法を拡張させて用いているのは、日本語も同じである。第一章では、「を」の使い方を見た。日本語の「を」は、典型的には「家を壊す」のように、動作の対象を表すのであった。だが、「家を建てる」の場合の「家」は、「家を壊す」場合とは異なり、「家」はまだ存在していない。動作の結果として出来上がるものである。だが、「を」で表される。「空を飛ぶ」「道を歩く」のように、日本語では移動を表す動詞の、移動の経路を表すにも「を」を使用するのであった。

非論理的な気がするが、これも認知言語学の考え方からすれば、それほどおかしなことではない。「家を建てる」のように、動作の結果として出来上がるものにも、「を」をつけるのは、「動作の対象」→「動作の結果出来上がる」と拡張していると考えると、自然である。この拡張は諸外国語でも同じなので、人間はたいてい「動作の対象」と「動作結果の対象」を似たものと考えるらしい。

「道を歩く」のようなケースでも、「歩く」という主体的な行為が及ぶのは「道」であるから、「を」をつけても特に不思議ではないだろう（移動の場合、スタートの地点と、到着する場所、その経路が主に一緒に表されることになる。スタート地点は「から」、到着先は「に」を使用しているので、そのほかの格助詞で最も使いやすいのは「を」である。新しい言葉を作り出すより、別のものを転用したほうが簡単なのだ）。

日本語は主観的な言語

生成文法の考え方では「その家は彼によって建てられた」のような受身の文は、「彼はその家を建てた」のような能動文から派生するものだとされた。つまり、「彼はその家を建てた」を変形して「その家は彼によって建てられた」が作られると考えたのである。その根底には、能動文と受身文は論理的に言って意味が同じであるという言語観がある。

認知言語学では、一方が別の形から派生したとは考えない。客観的には同じことを表していたとしても、言語表現が違うとしたら、それは話し手（書き手）の捉え方が異なるからである。「彼はその家を建てた」では、もっとも際立っているのは、主語である「彼は」であるのに対して、「その家は彼によって建てられた」では、「その家は」がもっとも際立っている。話し手による物事の捉え方を重視する認知言語学では、捉え方が異なる以上は別物なのである。

次の例を比べてみよう。

私がコップを割った。

コップが割れた。

日本語では、客観的には自分がコップを割った場合でも、「コップが割れた」と表現することがある。この場合、話し手の事態の捉え方としては、コップにしか意識がいっていない。あくまでコップが割れたことが大事なのであって、誰が割ったかは関心の外に置かれているのだ。

なぜ日本語の場合、自分がコップを割ったとしても「コップが割れた」と言いやすいのだろうか。これは、認知のモードが関係していると考えられる。私の主観では、私自身は見えない。目の前に映っているのは、コップであり、私自身ではない。よって、コップにだけ焦点を当てた表現を使いやすい。

もし、大切にしていたコップを恋人が割る瞬間を目撃したとしよう。この場合には、「彼女がコップを割った」と言いやすい。彼女もコップも、私から見えているからだ。「私がコップを割った」という認識の仕方は、「私」の外側に出て、客観的に自分自身を捉える必要が出てくる。中村芳久は、話し手の主観的な見え方から捉えるものをＩモード（interactional mode of cognition）、話し手の外側から客観的に事態を捉えるモードをＤモード

(displaced mode of cognition) と呼び、日本語はＩモードが多く使われ、英語などではＤモードが標準とされているとしている。日本語のほうが、主観的な捉え方から言語表現をしやすいのである。

「犬が欲しい」

英語では目的語に当たるものが、日本語では主語になることがある。例えば、英語でI want a dog. というところを「犬が欲しい」と表現する。「犬が好き」も同様である。なぜ目的語になりそうなものに、「が」がついて主語になるのかも、認知言語学の考え方に則れば理解しやすい。

「欲しい」とか、「好き」のような主観的な述語は、基本的には一人称での語りなのであり、「私が欲しい」ことが基本なのである。「私」の意識が「犬」に最初に向けられていて、そこに「欲しい」というラベルを貼っているのである。

考えてみれば、「犬がかわいい」のような表現も、日本語では主観的表現であることが多い。Ｄモードを基本とする英語などの言語では、言語化された文字通りの意味だけで世界と対応させようとするので、「犬＝かわいい」と、「犬」に「かわいい」を帰属させるだけで終わる。しかし、本来的には「犬」に「かわいい」とラベルを貼る「私」という主体が存在しているのだ。「犬」に意識を向けたうえで、「かわいい」とラベルを貼るのも、「欲しい」とラベルを貼るのも、似たようなものなのである。

日本語の「れる、られる」も主観的な意味合いが強い。先に、「その家は彼によって建てられた」という例を出したが、このような例は実際には英語などの言語の翻訳として使われるようになっただけで、明治以前の日本語ではあまり使われていなかった。受身形は、基本的には被害を受けたときにしか使わなかったのである。

三人称主語が被害を受けることももちろんあるけれども、被害を受けることを一番意識するのは、自分自身が何かされたときである。このため日本語では、「雨に降られた」とか、「嫌いな生徒に百点を取られた」のように、単に迷惑を受けたときにも「れる、られる」を使う。後者の例の場合、「嫌いな生徒が百点を取った」と同じことを表していて、英語などの感覚では受身にすることはできない。

第二章で「れる、られる」の中心的な意味は、「話し手のコントロールが及ばないところで何かが発生する」ではないか、とした。より踏み込んで言えば、「話し手のコントロールの及ばないところで何かが発生し、かつそれが自分のほうにベクトルが向いている」のではないかと思う。迷惑の受身など、まさにこれで、「雨に降られた」は、雨が話し手のコントロール外で勝手にふり、かつ、その影響が話し手に向いていることを表している。「情景が思い出される」のような自発の用法も、基本的には一人称で使うものであって、やはり話し手に向かって情景が立ちのぼってくるものだ。

文法化と認知言語学

言語は、使用しているうちにその用法が拡大していくものだ。その拡大の仕方は、認知言語学の考え方では比較的うまく説明することができる。次の例ではどうだろうか。

東京から名古屋に来た。
東京に来てから、友達が増えた。
東京に来たから、友達が増えた。

「から」はもともと、スタート地点を表す助詞であったと考えられる。「東京から名古屋に来た」では、その中心的な意味で使用されている。次の「東京に来てから、友達が増えた。」

はどうだろうか。「東京に来た」という時点が、起点として設定されていることがわかる。最後の例文「東京に来たから、友達が増えた」は、「から」が理由を表すために用いられている。なぜ「から」はスタート地点・時点を表す用法から、理由に転用されるようになったのだろうか。

「AしてからBした」というと、Aが理由となってBとなることが多いからだと思われる。「東京に来てから、友達が増えた」という場合の「から」は、基本的にはスタート時点を表しているが、東京に来たことが理由であるとも認知されやすい。

第二章で、「文法化」について解説した。たとえば、「〜するところだ」の「ところ」は、「場所」を表す意味から、「まさにそれをしようとしている」という意味に変わったと考えられる。こうした文法化の説明も、認知言語学が得意とするところである。

規則か、慣習か

前章で見た生成文法では、文法を計算システムと考えるため、コミュニケーションにかかわる要素や歴史的な変化、慣習などは二次的なものとされる。だが、認知言語学が対象とするような主体的な物事の捉え方と言語との関係や慣習、歴史的な変化も言語にとって見逃せない要素である。

人間の子供が、単に聞いた言葉をそのまま暗記しているのではなくて、文を作り出す規則を見出し、新しい「文」を作り出しているのだとする証拠として、生成文法では「過剰一般化」というのが挙げられている。言語習得に際して、子供が見出した規則を過剰に適用してしまうものである。例えば、私の息子は次のような文を作り出した。


大丈夫かった。／痛いかった。

大きいの葉っぱ／黒いのにゃーにゃ

過去を表すとき、「かった」をつければいいと思ったらしく、「大丈夫」や「痛い」にもそのまま「かった」をつけた。また、「黒の猫」のように、修飾するときには「の」をつけるのだと規則を見出したらしく、「大きいの葉っぱ」や「黒いのにゃーにゃ」などといった発話も生み出していた。

確かに、子供は規則を学び、「文」を作り出しているようである。

ただ、見方を変えれば、なぜ「大きいの葉っぱ」ではなく、「大きい葉っぱ」となるかは、これは慣習でしかない。中国語では名詞＋名詞でも形容詞＋名詞でも「的」を使用するので、「大きいの葉っぱ」が正しい日本語であってもよかったはずである（中国人の日本語学習者はこういう誤りをよくする）。「大きいの葉っぱ」が誤りであるのは、慣習でしかない。

また、最近では、「違った」の代わりに「違かった」という言葉も使われるようになっている。これは現在では誤用とされるが、慣習が変われば正しい日本語として定着するかもしれない。

能動文と受動文では、伝統的な生成文法では後者が前者の派生と考えて、その派生の規則が重視された。だが、どのようなケースで受動文を使うか、などといった問題は、生成文法では言語学が扱う問題ではないと言う。認知言語学では、むしろそちらのほうが重要だと考えるのである。

＊読書案内

・辻幸夫編『認知言語学への招待（シリーズ認知言語学入門第1巻）』（大修館書店、二〇〇三年）

認知言語学を本格的に学びたい人は、このシリーズなどから始めてみるとよいだろう。認知言語学の考え方がよくわかる。

第八章　言語は思考を決定しないが表現と解釈を縛る

言語によって思考は異なるのか？

人間は思考する。意識的な思考は言語的である。言語の基本単位が「文」であるなら、意識的思考の基本単位も「文」だろう。ここまで見てきた言語と「文」を巡る謎は、私たちの思考を巡る謎である。

言語と思考がつながっていることは間違いない。では、思考が言語を決定しているのだろうか？　それとも、言語が思考を決定しているのだろうか？

もし言語が思考を決めているとするなら、使用する言語によって思考が異なる可能性がある。日本語を用いて考える場合、日本語に縛られた思考になり、英語を用いて考える場合、英語に縛られた思考になるかもしれない。もしそうだとするなら、英語話者と日本語話者では、世界の見方が変わることになるのだろうか？　よく取り上げられるテーマだ。

本章では、言語と思考の関係について考えてみよう。

サピア＝ウォーフの仮説

「言語が思考を決定している」とした有名なものに、サピア＝ウォーフの仮説がある。ウォーフは、ネイティヴアメリカンの言語では、現実の表現の仕方が英語などの言語と著しく異なることに着目した。例えば、時間である。英語には、過去形、現在形があり、また未来を表現する文法形式もある。日本語でも、過去を表す際は「た」を使用する。

だが、ネイティヴアメリカンの言語の一つであるホピ語には、「時間」や、過去、現在、未来などを直接表す文法形式および構文が存在しないと、ウォーフは言う。そこから、ウォーフは驚くべき結論に達した。ホピ語を使うネイティヴアメリカンの人たちの時間認識は、英語を使う人たちとは異なる、と考えたのである。

言語が、それを使う人の思考を決定する。使う言語によって、世界の見方は異なる。そうかもしれない。英語話者と、日本語話者では、世界の見え方が少し違うような気がしないでもない。私たちは言語を用いて思考している。思考が異なるとすれば、言語が異なるからではないか？　言葉が違えば考え方も変わるのではないか？

言語の中には、「右」や「左」が存在しないものがあるという。そのような言語では、「右」や「左」といった空間の把握の仕方をしないのではないか？

言語が思考を決定するだなんて、なんだか面白そうな仮説だ。

だがよく考えると、本当か？　となってくる。言語が思考を決定しているというより、むしろ思考が言語を決定しているのではないか。「右」とか「左」とかいう考え方をしないから、その言葉がないのであって、言葉がないから「右」や「左」を考えられないわけではないのではないか。

そもそも、思考と言語が一体化しているものだとするなら、どっちがどっちを決定しているとは言えないのではないか。

ウォーフのホピ語に関する観察は、そもそも誤っていたらしいので、そのまま信じることはできない。仮に正しかったとしても、英語に直訳できないだけではないか、という疑問も残る。時間に関する文法がないからといって、その観念がないとは限らない。中国語にも英語のような時制は存在しない。過去形も未来形もないのだ。だからと言って中国語話者が過去を認識していないとは、とても思えない。

時間について言えば、日本語でも表現と直観が一致していないことがある。時間は過去から未来に向かって流れていると感じるだろうか、それとも、未来から過去に向かって流れていると感じるだろうか？

私などはなんとなく、過去から未来に流れているように思うが、どうだろうか？

だが、日本語の表現を見てほしい。今を起点として、ちょっと時間がたったある時点（未来）を何と呼ぶのか？　「三時間あと」などというだろう。「あと」というのは、空間的には

「うしろ」だ。その逆、すなわち過去は「三時間まえ」と表現する。「まえ」は空間的には目の向かう方向なので、前方である。この言語表現上は、前方は未来ではなくて過去である（詳しくは瀬戸賢一『時間の言語学』ちくま新書、二〇一七年を参照）。未来から過去に向かって時間が流れていることになる。

しかし、私を含めて少なくない日本人は過去から未来に時間が流れているように感じるだろう。とすると、「〜まえ」という言葉を使っているからと言って、認識や思考もそれに縛られているとは必ずしも言えない。

言語は「思考」を規定しない

「使用する言語によって思考が影響を受ける」かどうか、言語学では実験が行われてきた。ガイ・ドイッチャー『言語が違えば、世界も違って見えるわけ』（インターシフト、二〇一二年）や、今井むつみ『ことばと思考』（岩波新書、二〇一〇年）では、いくつかの実験例が紹介されている。

そうした実験において、よく話題に上るのが、色彩語である。

色彩語は言語による差が大きい。柴犬の色は何色だろうか。おそらく日本人なら茶色と答えるだろう。だが、中国語だと柴犬の色は黄色になる。封筒の色も日本語では茶色だが、英語やフランス語では黄色になるらしい。日焼けした後の色は、日本だと赤か褐色だろうが、中国語では紫と表現することがしばしばある。色は連続しているため、どこからどこまでを同じ語で呼ぶかはズレが生じやすいのである。

だが、このような違いにもかかわらず、言語の違いが認識に与える影響は限定的なようだ。人間である以上、色は言語にかかわらず科学的には同じように見えていると思われる。それを言い分ける仕方が違うだけである。何語を使っていても同じように色が見えている以上、「言語によって世界の見え方が変わる」とは言えない。とするならば、言語による違いは、連続して見える色合いをカテゴリーで区別する際に、その分ける習慣が異なるだけのようである。

現代日本人は、「青」と「緑」を別色と考える習慣を持っている。だから、葉っぱの色を見て「青い」とは表現しない。あれは明らかに緑色だ。「緑」も「青」の範疇に含まれていた古代日本語を使用する人たちの習慣では「青」と表現できたが、見えている色はたぶん古代人も私たちも同じだ。

それに、日本語の母語話者でも、英語を勉強すれば、英語の語彙を理解できる。また、外国語を学習すると「翻訳してしまうとニュアンスが伝わらない」ということを体験するが、それを自覚できるということは、外国語の思考方式を身につけることが可能だということである。仮に日本語が私たちの思考を完全に決定してしまうとしたら、そもそも外国語学習はできないことになってしまう。

言語と思考の関係で同時によく話題に上るのは文化との関係である。一例として、空間把握の仕方と言語、文化の関係を考えてみよう。日本人はたいてい空間把握を「前後左右」で行っていると思われるが、「前後左右」の語を使わず、「東西南北」で把握する言語、そしてその言語を用いる文化もある。

だだっぴろい草原だとか、逆に目標物が雑然としているジャングルの中などでは、身の回りの「前後左右」のような位置関係よりも絶対的な「東西南北」で意識したほうが、位置がわかりやすいのだろう。吉岡乾『現地嫌いなフィールド言語学者、かく語りき。』（創元社、二〇一九年）によると、山間部では、「東西南北」を持たない言語も多いという。そしてそれは、川や谷が地形に合わせて「東西南北」の指針を無視して延びているし、高い・低いも重要になるからであるらしい。そのような地形では、「東西南北」が実用的ではないのである。その代わりに、別の位置関係を表す概念を使う。

とすると、空間把握についても無意識レベルでの環境に対する適応がまずあって、それに対応して言語ができているように思われる。やはり、思考や文化が先で言語が後であって、その逆ではないように思われる。

やはり、言語が思考を決定しているなどというのは、誤りであるようだ。

しかし、それでも**直観的には言語が思考を縛っているように感じられないだろうか？**いったいそれはなぜなのだろうか。

「思考」とはそもそも何か

言語が思考を決定するとの論は誤りであるとする立場に、一般向けに書かれた本としてはスティーブン・ピンカー『言語を生みだす本能（上・下）』（ＮＨＫブックス、一九九五年）やレイ・ジャッケンドフ『思考と意味の取扱いガイド』（岩波書店、二〇一九年）がある。両者とも、優れて説得的な論考である（しかもわかりやすい）。しかし、言語学の論考には、言語をどう見るかという思想が背後に隠れているし、ヨーロッパの学者はＡかＢかで議論する習慣がある点にここでも注意しなければならない。

そもそも、「思考」なるものを、どのようなものとして考えているのだろうか。

ジャッケンドフは、言語とは意識にのぼる思考のための「取っ手」のようなものだと表現する。「思考」なるものは、**ほとんどが無意識的なものであり、たくさんの無意識的な思考の中から、一部分を言語という取っ手によって意識に立ちのぼらせているというのだ。**言語と思考の関係は、思考のうちの一部が言語に現れるだけだということになる。

ピンカーの思考観もこれに似ている。私たちが使う言語の前に、無意識的な言語、つまり「思考の言語」なるものがあると論じている。言い換えると、思考なるものを、**「言語以前の世界認識」のような意味としてとらえているのである。**

この思考観は、第六章で見た生成文法と親和性の高いものである。生成文法では、言語を本能であり、生得的なものだと考える。逆に言うと、本能的なレベル、生得的なレベルを特に強調し、実際に言語を使って行われるコミュニケーションや、歴史的な発展、文化との関係などの位相については本質的ではないとして二次的なものとしてしまう。

言語以前に、言語化されるよりも多くの認識や思考が存在するのは確かである。そのレベルにおける「思考」を強調するのは、こちらのほうが本能的であり、生得的なレベルだからである（なお、言語の実際の使用を二次的なものと考えるのは、生成文法だけでなく、ヨーロッパの論理中心主義言語観全般の傾向である）。

言語は意識的な思考に影響を及ぼす

ジャッケンドフは、無意識的な思考の中から一部分を「言語という取っ手によって意識に立ちのぼらせている」のであるとしている。その論考を見ると、まるで言語を通じた思考が二次的でであるような印象を受けてしまう。だが、これは言い方を換えると**「意識的な思考は言語を通じてなされる」ということである。**「言語が思考を規定する」と言われて、なるほどそうかと思ってしまいがちなのは、意識的な思考と言語に密接な関係があるからであろう。

意識的な学習もまた、言語を通じてなされる。言語が思考を決定しているかのように思われる要因の一つは、私たちが言語を通じて学習しているからであろう。

私は植物に関してあまり興味がないので、山に入っても、草や木の種類がわからない。目に入ってくる木や草の認識（無意識的な把握）は、植物博士と異なるところはたぶんないだろうが、大きく違うのは植物の分類の方法を知っているか否かである。私が単純に木や草とだけ見ているものの形状や特徴、種類、その他について、植物博士はより詳しく意識して見ることができるに違いない。これは、言語を通じた学習によってなされていると考えられる。

たぶん、今の私たちは宇宙について一〇〇年前の人たちよりもよく知っているだろうが、頭脳自体が一〇〇年前の人たちより優れているわけではない。言語によって累積された知の恩恵を被っているだけである。学問的なことは、特に言語を通じてなされるから、言語を知らないと、そこに表されていることを思考できないことになる。

方向を「前後左右」で考える習慣を身に着けた私たちが、突然パキスタンの山奥であるとか、アマゾンの奥地に放り出されたとしても、意識的な思考として立ち現れるのは、普通は「前後左右」であろう。他の文化とほとんど接触を持ったことのないアマゾンの原住民が、大人になってから別の思考を身に着けるのは、相対的に異文化の経験が多い私たちがそうするよりも難しいだろうと想像される。

日本語は敬語を特に使用する文化である。敬語を使用するから上下関係が生じるのか、それとも上下関係を明確にする文化だから敬語が使用されるのだろうか。思考のほうが言語に先行するならば、答えは後者である。スタートはそうかもしれない。だが、敬語という言語形式を使用することによって意識の中に上下関係が立ち現れる面もある。上下関係を強く意識してしまうのである。

言葉を通じて意識化されるカテゴリーや、意識化する慣習は、言語によって異なる。そういう意味では、個別の言語は**意識的思考に影響を及ぼしているのではないか。**習慣の問題なので、言語が完全に決めてしまうわけではないが、別の習慣を知らなければそれを当然のものとみなすだろう。

学問は言語に縛られる

言語は、意識的な思考を導くものである。学問は意識的に思考するものであるから、言語を通じて行われる。

このため、使用する言語の形式から、抽象的思考が出発していることは少なくない。

例えば生成文法は、個別言語を超える普遍性を主張しているし、普遍的な理論を目指している。しかし、英語の分析から出発すれば、英語の影響を受けざるを得ない。特に初期の生成文法にはその傾向が顕著である。例えば、チョムスキーは規定の構造から変形操作、特に移動を行うことによって別の文が派生すると考えた。これは、英語を観察するならば、思いつきやすい発想である。

通常の文と、疑問文、受身文、を見てみよう。

He built the house.（彼がその家を建てた。）
What does he built?（彼は何を建てましたか?）
The house was built by him.（その家は彼によって建てられた。）

英語の疑問文では、This is a pen.（これはペンです）→ Is this a pen?（これはペンですか?）というように、動詞を倒置させる。語順の入れ替えが起こっているのだ。日本語では、「か」が追加されるだけだ。

同様に、what など疑問詞を使う場合、疑問詞は文頭に移動しているように思われる。He built a house. の a house を what に替える。すると He built what. となる。ここから、what dose he built? を説明するには、what が文頭に移動し、does がつけ加えられる、と分析されることになる。

だが、日本語では「彼は何を建てましたか?」で移動は表面上起こっていない。

受身文も、変形操作で説明されていた。この場合、目的語の the house が主語の位置に移動し、be 動詞が加わり、動詞が過去分詞に書き換えられ、もともと主語の位置にあった he が文末に移動して him になり、by がつけ加えられるというプロセスで説明された。

だが、日本語を見る限り、「その家は彼が建てた→その家は彼に建てられた」と変わったところで、移動は表面上見られない。

このように、変形操作において移動を中心にする理論は、英語を観察すると思いつきやすい。チョムスキーの発想としても、平叙文から疑問文・受身文・否定文などの形を導き出したいというのが最初にあったと考えられる。また、深層構造の考え方もヨーロッパ哲学の伝統に則ったものであった。チョムスキーが日本語しかわからなかったら、移動を中心とする変形理論を考えただろうか？

もう一例、マーク・ピーターセンのロングセラー『日本人の英語』（岩波新書、一九八八年）から、日本人の誤用例として挙げられているものを見よう。

Yebisu, the legendary character brings you a good luck.

伝説的な性格を持つエビスはあなたに幸運をもたらす。

問題は、a good luck の部分だ。ピーターセンは「私にとっては、このスローガンを作った人は一体どういう発想でわざわざ luck に a をつけたのかをどうしても知りたかったのである。その人は、これといった形のない、概念的な具象のluck（運）にどうやって数えるつもりでaを入れたのか」と述べる。

英語話者のピーターセン氏にとって、good luckは数えられないのが当たり前なので、なぜ日本人がこれにaをつけるのか理解できないようだ。しかし、日本人の感覚からいうと、「幸運がもう一回訪れないかなあ」のように「幸運」は一回、二回と数えることができる。「幸運」自体は形がないものだが、日本人はそれを具体的な出来事としてとらえている。宝くじが当たるとか、落とした財布が偶然見つかるとか、そういう出来事をイメージするために数えられるのだ。

英語では機会を表すchanceは数えることができて、miss a chance（機会を逃す）というようにできる。「機会」が数えられるなら、「幸運」だって数えられるじゃないか？　同じヨーロッパの言葉でも、フランス語ではluckにあたるbonheurが場合によっては数えることができるから、英語が標準というわけでもない。ピーターセン氏の学問的思考は英語の影響の下にある。

すでに話題にした「主語は論理的には常にある」とか、「他動詞の目的語は常にある」という発想もまた、英語など、主語や目的語が省略しにくい言語形式の影響を受けている。論理的に言うなら、主語が常にあるのと同様、**あらゆる存在や動作は、時間と空間の中で行われているわけだから、すべての「文」に時間と空間が表されてもいいではないか？**　だが、実際にはいつ、どこで行われたことなのか、明示する必要性はまったくない。

言語学にしても哲学にしても、無意識的なレベルでの思考ではなく、言語を通じた意識的で抽象的な思考による学問である。その際に、使用する個別言語にとらわれることは珍しくないのである。

言語は表現を規定する

個別の言語が思考を規定しているように感じられる要因として、翻訳の問題も挙げられるように思われる。外国語で話したり作文したりすると、日本語との発想の違いに驚かされたり、日本語にとらわれてしまって適切な外国語での表現ができなくなったりする経験をする。このようなとき、日本語に思考を決められてしまっているから適切に外国語で表現できないのだ、と感じられる。

しかし、ここで個別の言語に決められているのは、**思考というよりも表現の仕方である。**日本語と英語の簡単な例で観察してみよう。

財布が見つかった。

I found my wallet.（私は私の財布を見つけた。）

日本語では、財布が見つかった状況なら、一般に「財布が見つかった」と表現し、「私は私の財布を見つけた」とは、まず言わないだろう。しかし、英語であれば、I found my wallet. などと、「私」という行為者が見つけたと表現することが多いし、my を入れて自分の財布であることを明示するのも自然であろう。

このケースにおいて、英語話者と日本語話者で、言語以前の知覚レベルにおいて「思考」が違うかというと、たぶんそんなに変わらないだろう。しかし、表現の仕方は英語や日本語に縛られている。

表現が言語によって縛られるとすればどうなるだろうか？　例えば翻訳されてしまうと、もともとの言語で読んだり聞いたりしたときと比べて、何かが失われているように感じることがある。これは、表現が個別言語に規定されているからこそ、失われる何かである。言語学者はあまりこういう点に注意を払わないのだが、私は言語において重要な部分だと思う。

翻訳して失われるようなタイプの意味を、ここでは仮に修辞的意味とか、詩的意味と呼んでおこう。

表現方法が言語によって異なっても、表現者の「思考」に大差はないかもしれない。だが、メッセージの受け手のほうはどうだろうか？

メッセージの受け手は、その言葉を発した人の意図からは独立して、そのメッセージを手掛かりに意味をくみ取り、思考する。したがって受け手側の思考は、表現によって変わってくる可能性がある。とするなら、言語を受け取る側のメッセージの解読の仕方、そのメッセージを読んだ際の感じ方という意味での思考は、言語によって決定される部分がある。

文末の形式

どのような表現を取るかによって、聞き手や読み手の読解の仕方、感じ方は異なってくる。文学のような言語の使用では、読み手がどのように感じるか、解釈するかは特に重要である。日本語の書き手は、日本語の表現の規範から自由ではない。すでにある個別言語の規範に縛られている。翻訳において抜け落ちる何かは、この個別言語における表現の習慣が異なることにも起因する。

一例として、文末の表現に着目してみよう。

次の引用文は、フランス語からの翻訳例である。文末の表現に着目しよう。

> ぼくらは破れた汚い衣類を身に纏《まと》う。裸足《はだし》になり、顔と手をわざと汚す。街中へ出かける。立ち止まり、待つ。
>
> 外国人の将校がぼくらの前を通るとき、ぼくらは右腕を挙げて敬礼し、左手を差し出す。たいてい、将校は立ち止まらず、ぼくらに気づきもせず、ぼくらを見もせず、通り過ぎる。
>
> やっと、ひとりの将校が立ち止まった。彼は、ぼくらに理解できない言語《ことば》で何事か言う。ぼくらに、あれこれ問いかけているらしい。ぼくらは返事しない。一方の腕を挙げ、もう一方を前に差し出したまま、じっとしている。すると彼は、ポケットの中を探り、硬貨一枚とチョコレートのかけらをぼくらの汚れた掌《てのひら》の上に載せ、しきりに首を捻《ひね》りながら立ち去る。
>
> ぼくらは待ち続ける。婦人が通りがかる。ぼくらは手を差し出す。彼女が言う。
>
> （アゴタ・クリストフ『悪童日記』ハヤカワepi文庫）

英語やフランス語などの小説では、動詞について、一般的に過去形か現在形を選択しなければならない（フランス語の場合には過去形にも複数ある）。ほとんどの小説では、すべての動詞が過去形で書かれていた。ところが、現代の小説では、すべて現在形で書かれているものもある。引用した『悪童日記』もその一例である。

英語やフランス語では、時制については通常の場合、過去形か現在形を採用しなければならない。この点において言語表現が縛られている。中国語の場合には、過去形と現在形の区別がないので、時制を利用した詩的意味の翻訳は不可能になる。

日本語では、文末において「た」を使用するタ形と、そうではない通常の形（ル形）を使い分けなければならない。タ形は過去や完了を表し、ル形は過去ではないことを表す形（非過去形）である。この翻訳の文章に着目すると、「街中へ出かける」「立ち止まり、待つ」のように、通常よりもル形の使用が多いことがわかる。

おそらく翻訳者は、原文のフランス語がすべて現在形で語られていることを勘案して、ほとんどの述語をル形で翻訳したのだろう。だが、もとのフランス語で読んだ場合と、読んだ感触は必ずしも同じにはならない。細かく見てみよう。

最初の段落「ぼくらは破れた汚い衣類を身に纏う。裸足になり、顔と手をわざと汚す。街中へ出かける。立ち止まり、待つ。」はすべて、一回だけ行うことではなくて、何度か行っていることと解釈できる。こういう場合にはル形を使うのは一般的であり、特におかしくはない。

次の段落は「外国人の将校」が通りかかるときの話だが、これも一回のことではなく、何回かあることなので、ル形を使っても普通だ。

第三段落はどうだろう。「やっと、ひとりの将校が立ち止まった。」と、引用部分で唯一タ形が使用されている。ひとりの将校が立ち止まったのは、この物語の現在において、一度だけ起こった出来事である。こうした一度だけ起こった出来事が完了するときには「タ」が使われるのが普通なのだ。特に、章のはじめや段落のはじめは「タ」が使われやすい。というか、**新しい場面の設定をするときは「タ」を使うのだ。**ほとんどすべてル形で翻訳しているとはいえ、さすがにここは「タ」を使う方が自然だと翻訳者は考えたのだろう。

一度だけ「タ」が使われ、物語の現在が示されたのちは、ずっとル形を使っている。第三段落の文末など、ほぼどれでもタ形に変えられるが、そうしていない。特に最後の「しきりに首を捻りながら立ち去る。」などは、ここで一連の流れが閉じるため、規範的な日本語書き言葉では、タ形が選択されるところだ。

最後の段落「ぼくらは待ち続ける。婦人が通りがかる。ぼくらは手を差し出す。彼女が言う。」は、すべて一回だけ行われることなので、タ形を混ぜる方が普通だ。特に「通りがかる」と「言う」は「通りがかった」と「言った」にしないと、以前であれば日本語としておかしいと言われたかもしれない。

このように、引用部分では、「一度その行為が起こった」ことを表す文脈でも、タ形ではなく、ル形が使用されている。タ形は現実の時間軸にその出来事を位置づけるので、現実的になるが、ル形が使用されることによって全体として非現実的な印象になっている。

一般に英語などの言語では、過去形で語り始めたらずっと過去形、現在形で語り始めたらずっと現在形で語る。日本語のようにル形とタ形がくるくる変わるなどという書き方はない。

逆に日本語ではル形とタ形の使い分けを必然的に迫られるという意味で、言語に縛られている。その使い方次第で、読み手の印象は変わる。ライトノベルのように、読者の体験性を重視するジャンルではル形の使用が中心になる。あるいは、タ形が多く使われると客観的な印象になることが多い。このような使い分けから来る詩的意味は、他言語に翻訳しにくい。

ちなみにもとをただすと、現在のタ形とル形を混用する形は、明治時代に欧米の小説を翻訳する過程を経て成立したものである。欧米の小説は基本的にすべて過去形で語られるので、タ形を多用することになったのだ。

しかし、すべてをタ形にする選択はしなかった。これは、日本語では述語が文末に来るため、すべてタ形にしてしまうと、ほとんどの文が「タ」で終わることになってしまうことも関係している。野村剛史『日本語の焦点　日本語「標準形」の歴史――話し言葉・書き言葉・表記』（講談社選書メチエ、二〇一九年）によると、明治初期の小説、例えば尾崎紅葉の『金色夜叉』の文末は、古文と同じく「き、けり、つ、ぬ、たり」などが使われているものの、その使い分けは本来の古文の文法とは異なっているという。「き、けり、つ、ぬ、たり」がちりばめられて使われているのは、単に同じ形を回避するためだけであると指摘されている。

文末の形は同じにしないほうがいい、という美意識が日本語にはあり、それは現在の書き言葉でも同様である。表現者は、できるだけ同じ文末形式にならないように工夫しなければならないという点においても、日本語の規範に縛られているのである。

なお、現代日本語小説でル形とタ形がどのように使い分けられているか、より詳しくは拙著『物語における時間と話法の比較詩学――日本語と中国語からのナラトロジー』（水声社、二〇一四年）を参照のこと。同じく拙著『日本語の謎を解く』（新潮選書、二〇一六年）にも概略を示してある。

「は」と「が」の使い分け

主語を表すのに、「は」か「が」の選択が迫られるのも、日本語の特徴である。どちらかを選択しなければならないという意味で、言語に表現が縛られている。先に引用した『悪童日記』の最後の段落は「ぼくらは待ち続ける。婦人が通りがかる。ぼくらは手を差し出す。彼女が言う。」となっていて、主人公の「ぼくら」には「は」、婦人には「が」が選択されていることが観察できる。

　これは、存在が前提とされているものには「は」、新しく登場する者には「が」が使われるからで、日本語の規範にかなった使い分けである。一見すると客観的な描写だが、「ぼくら」に「は」が使われ、「婦人」に「が」が使用されることによって、視点が「ぼくら」に設定されている。

　ではこれを「ぼくらは待ち続ける。婦人は通りがかる。ぼくらは手を差し出す。彼女は言う。」としたらどうだろうか？　このようにすると、「ぼくら」も「婦人」もその存在が前提とされ、より一層、「ぼくら」と「婦人」の行為を客観的に叙述している印象になる。ル形の使用ともあいまって、演劇的に感じるだろう。

また、全部タ形、全部「は」にしてしまうと、形式がすべてそろってしまう。普通なら、同じ形の連続は忌避される（だから、訳者は「は」と「が」を使い分けたのだろう）。だが、それはそれで同じ形の繰り返しということで、別種のリズムが生まれる。こうした使い分けは、もともとのフランス語では表現できない。

もう少し単純化してみよう。英語なら he said と he says の二つになるところを、日本語では「〜と彼は言った」「〜と彼が言った」「〜と彼は言う」「〜と彼が言う」の四つのパターンがあることになる。論理的意味からすれば英語も日本語もほぼ同じであるが、修辞的意味のレベルでは違いがある。

以上のように、「は」なのか「が」なのか、タ形なのかル形なのか、必然的に選択を迫られる点で、表現者は日本語に表現が縛られている。どちらを選択するかによって、読者の印象がある程度決められるという点でも縛られている。一方で、それまであった通常の組み合わせからずれたほうを選択し、新たな表現を作り出すことも小説言語ではありうる。そうして、その新たな表現もまた普通のものになっていくのである。

さて、次章からは、長い文に着目してみよう。長い文は、書き言葉に現れやすい。書き言葉のきちんとした文を書くためには、学習が必要だ。学習が必要になるのは、生得的というより、後天的なシステム、人工的に作り上げられた習慣が関与するからである。

書き言葉には**人工的で理性的な彫琢《ちょうたく》が加えられているのである。特に、文学ではそれが顕著となる。**この点に留意して考えていこう。

＊読書案内

本文内で紹介したもの以外では、次の二つは一般向けにも読みやすい。

・ニック・ランド『言語と思考』（新曜社、二〇〇六年）

・スティーブン・ピンカー『思考する言語（上）・（下）』（ＮＨＫブックス、二〇〇九年）

第九章　複雑な「文」の作り方

三種類の文

そういえば、中学の国語の授業で文法を学習したとき、「ほんとうにこれですべての文を説明できるのかな？」と思った記憶がある。というのも、授業で取り扱われる文は比較的単純だったからだ。問題として出されるものはパターンがあるから解答できるけれども、それで日本語の文章をぜんぶ説明できるの？　と思ったのだ。

私たちが実際に使用している「文」は単純ではない。句点「。」から句点「。」までの単位を「文」とするなら、主語と述語が一つずつ出てくるような単純なものはほとんどない。組み合わさって複雑になっているのが普通だ。

一応、複雑な「文」についても、学校の文法で説明はされている。以下の三種類があることになっている。

単文　鳥が飛ぶ。
重文　鳥が飛び、花が咲く。
複文　洋が買ってきた鳥が飛んだ。
　　　鳥が飛んだので、馬が驚いた。

単文とは、主語と述語が一つずつからなる「文」のこと。「鳥が華麗に飛ぶ」とか、「美しい鳥が公園で華麗に飛ぶ」のように、修飾語を加えても、主語と述語は一つずつなので単文だ。もちろん、主語は出てこず、述語が一つだけの「文」も単文である。

重文とは、主語と述語からなる単文が二つ以上重なるもので、その二つの関係が対等なものをいう。「鳥が飛び、花が咲く」は、「鳥が飛ぶ」と「花が咲く」という二つの単文を並べているので、重文という。

複文とは、**従属節と主節**からなるものをいう。従属節とは、主節とは別に主語と述語が出てくる（くどいようだが、主語は出てこないこともある）が、単独で使用せず、主節に従属しているものをいう。

「洋が買ってきた鳥が飛んだ」は、「鳥が飛んだ」に、「洋が買ってきた」という連体修飾語がついている。この連体修飾語には、「洋が」という主語と、「買ってきた」という述語があるので、これだけでも「文」になれる。

このようなとき、「洋が買ってきた」は、「鳥」に**埋め込まれている**と呼ぶ。埋め込まれているものは、従属節である。「美しい鳥が飛ぶ」の「美しい」は、ただの形容詞なので、従属節ではなく、ただの修飾語だ。

従属節には、もう一つパターンがある。「鳥が飛んだので、馬が驚いた。」の前半部分「鳥が飛んだので」だ。これにも主語と述語が入っている。しかし、「ので」がくっついており、ここでは終わっていない。後ろに「馬が驚いた」が来ている。「馬が驚いた」のほうが主節で、「鳥が飛んだので」がそれに従属するとされる。

この例では、二つの文「鳥が飛んだ」と「馬が驚いた」を「ので」で連結し、「一つの文」にしていることがわかる。また、前半の「鳥が飛んだ」は「馬が驚いた」ことの原因・理由となっている。このような、複文では二つの節（主語と述語からなる単位）の間に、**何らかの論理的関係がある**とされている。

と、だいたいこんなところが教科書的な説明である。

え、「重文」と「複文」の違いがよくわからない？　そうでしょう。単純に言えば、「重文」は、「単文」が並列されたものだ。二つの文に上下関係はない。「複文」のほうは、「従属節―主節」の関係を結ぶため、どちらかが従で、どちらかが主になり、上下関係が生じる。

ただ、本書では一括して「複文」として、話を進めることにしよう。日本語における「複文」、つまり複雑な「文」はどのように作られているのだろうか。

長い連体修飾語

日本語の書き言葉は、連体修飾語が好きだ。連体修飾語をうまく使って複文にすることによって、二文で表現するものを一つにまとめることができる。そうすると、すっきりした印象になる。例えば、次のような文章はどう変えたらいいだろうか。

私はビーグル犬を飼っている。そのビーグル犬が、おじいさんに小便をかけた。おじいさんは激怒して、私を殴った。

主語と述語のある単文が三つ続いている。文法的には誤りはないが、どんな印象になるだろうか？　幼稚な感じがするのではないか。もしくは、きわめて単調に感じるだろう。同じような構造が連続で出てくると、平板に感じられるのだ。

書き言葉の場合、実際にはこういう退屈な書き方は選択されない。例えば、次のようになるだろう。

私の飼っているビーグル犬が、おじいさんに小便をかけた。激怒したおじいさんは私を殴った。

こちらのほうが、だいぶすっきりしている。

「私はビーグル犬を飼っている。」とした場合、「ビーグル犬を飼っている。」は目的語と述語だから、そこが伝えるべき情報の中心である。一方、「私の飼っているビーグル犬が」と連体修飾語になると、「私がビーグル犬を飼っていること」は前提となる。背景情報となるのだ。

ところが、連体修飾語構造が大好きな日本語では、新しい情報も連体修飾語構造になる場合がある。今出した例文では「激怒したおじいさんは」の「激怒した」の部分だ。おじいさんが激怒したことは、ここで初めて出てくる新情報なのに、連体修飾語になっている。なぜか？

その前の文で、犬がおじいさんに小便をかけている。その出来事から、当然予測されることが、「激怒した」という情報だ。その「小便をかけた↓激怒した」という情報が隣接していることがわかる。情報がスムーズにつながっているので、読みやすい。このように、日本語では連体修飾語で展開を進めることもできてしまうのだ。
また連体修飾語に関して、次のような形も出現する。

フェイスブックもツイッターもやらない私です。

こういう例では、長い連体修飾語が名詞につく形になっているけれども、「私はフェイスブックもツイッターもやってません」と主述構造にするのと、伝えている情報としてはほとんど変わらない。しかし、「フェイスブックもツイッターもやらない私です。」だと「私」を押し出しているのに対し、言い換えたほうは単にフェイスブックもツイッターもやっていないというほうに焦点が当たる。
私が長男を通わせている保育園では、先生が連絡帳に子供の様子を書いてくれるのだが、次のような形がよく使われている。

おやつが運ばれてくると、真っ先に駆け寄ってくるそうた君。お昼ごはんも完食し、先生の分まで欲しがっていました。

「そうた君」を最後に持ってきて、その前に連体修飾語をつけている。なぜこのような形が採用されているのだろう。「そうた君はおやつが運ばれてくると、真っ先に駆け寄ってきます」とするのとは、やはり違いがある。「おやつが運ばれてくると、真っ先に駆け寄ってくるそうた君。」とすると、これ全体で一つのトピックの提示になっているように思われる。そして次に来る「お昼ごはんも完食し、先生の分まで欲しがっていました。」がそれに対するコメントになっていることがわかる。

つまり、最後に置かれた「そうた君」が、次の文の実質的な主語になっている。この**二つの「文」で一つであるかのようにふるまっている**のである。

同じような文型を、書籍からも一つ引用しておこう。

> 新公民運動の政治活動を理由に投獄されて、いまや無職状態の張宝成。
> 中国の政治改革に見切りをつけ、事件後の体制に容認的な姿勢を示す成功者の魏陽樹。
> 極端すぎるサンプルとはいえ、若き日に天安門広場の熱狂に酔いしれた二人の中年男の現在の姿は、あまりにも対照的だ。

（安田峰俊『八九六四——「天安門事件」は再び起きるか』（角川書店、二〇一八年）

この例でも、「張宝成」と「魏陽樹」が長い連体修飾語付きで導入されると、この二人の人物に対してコメントが続いているのが確認できる。

日本語では和歌などを中心に、長い修飾語＋名詞の形が広く使われてきた。この形式では、長い修飾語で表されるような属性を持った最後に来る名詞にスポットが当たる。属性とともに、その名詞で表される物体そのものを差し出すのだ。

中上健次の怪しい文体

日本語では、連体修飾語が長くなりがちだ。しかし、主語以外の名詞にかかるそれが長くなりすぎると、読みにくい文章になってしまう。主語と述語が遠く離れてしまうため、情報処理が難しくなってしまうからだ。

私が読んできた文章の中でも、とりわけ読みにくかった実例を次に挙げる。

オリュウノオバは生れた時からは予想もつかない色白で、どこの祭りの稚児に出しても羞じる事のないほどの、男親のヨシから中本の血を受けついだ美形の文彦が荒い息を吐きながら言うのをきいて、「鴉みたいな顔をして背中に羽根があったかよ」とからかうと真顔でうなずき、丹鶴城から続いた路地の裏山の一等端の頂上にある大人の腕で二かかえほどの太い幹の松の根方に鴉天狗らは何人も車座をつくって、文彦が雑木の茂みからのぞいているのに気づいて羽根を広げて宙に翔け上ったと言った。

（中上健次『千年の愉楽』）

これはまいった。一回ですんなり意味が取れたらすごい。

「オリュウノオバは生れた時からは予想もつかない色白で」のところまで読むと、「オリュウノオバ＝色白」と読めそうなのに、そうではないからやっかいだ。

「生れた時からは予想もつかない色白で、どこの祭りの稚児に出しても羞じる事のないほどの」が「男親のヨシ」にかかる連体修飾語かな、とも思う。ところがさらに読み進めると、「生れた時からは予想もつかない色白で、どこの祭りの稚児に出しても羞じる事のないほどの、男親のヨシから中本の血を受けついだ美形の」までが「文彦」にかかる連体修飾語であることが判明する。

長い。長すぎる。オリュウノオバについて話しているのかと思って読み進めたら、実はヨシについて話している、かと思いきや、本当は文彦についての叙述なのだ。相当にねじれている。

「文彦」にかかっている連体修飾語を除くと、「オリュウノオバは文彦が荒い息を吐きながら言うのをきいて」となる。間をこれだけバッサリ切っても「文彦が荒い息を吐きながら言う」という主述構造が埋め込まれているではないか！　いくらなんでもやりすぎだぞ、中上健次。そこから先もねじれにねじれているけれども、解説は省略する。

次のように書きかえるとどうか。

> 文彦は男親のヨシから中本の血を受けついだ美形で、どこの祭りの稚児に出しても恥じる事のないほどであった。その文彦が荒い息を吐きながら言うのを聞いて、オリュウノオバは、「鴉みたいな顔をして背中に羽根があったかよ」とからかった。

どうだ。ずいぶん読みやすいのではないか。現在の規範的な「文」の書き方はこんな感じだ。だが、中上健次の文体が持つ怪しい響きは失われてしまう。「どこの祭りの稚児に出しても羞じる事のないほどの」なんてリズム、口に出してみてほしい。「の」が多い、多すぎる。

めちゃくちゃ読みにくくて頭がいたくなるのに、『千年の愉楽』の文章にはなぜか中毒性がある。すごいぞ、中上健次。

長くても読みにくくない文章

今挙げた中上健次の文は全部で二二六文字もある。一文としては、素人はまず書かないほうがいい長さだ。

だが、一文が長ければ読みにくいというわけではない。ちゃんと規範にかなっていれば、長くても読みやすい。例えば太宰治も一文が長い作家であるが、読みにくくはない。『斜陽』から一例を挙げよう。

> スウプのいただきかたにしても、私たちなら、お皿《さら》の上にすこしうつむき、そうしてスプウンを横に持ってスウプを掬《すく》い、スプウンを横にしたまま口元に運んでいただくのだけれども、お母さまは左手のお指を軽くテーブルの縁《ふち》にかけて、上体をかがめる事も

無く、お顔をしゃんと挙げて、お皿をろくに見もせずスプウンを横にしてさっと掬って、それから、燕《つばめ》のように、とでも形容したいくらいに軽く鮮やかにスプウンをお口と直角になるように持ち運んで、スプウンの尖端《せんたん》から、スウプをお唇のあいだに流し込むのである。

（太宰治『斜陽』）

この文は二三七文字もあり、先ほどの中上健次よりも長い。しかし読みにくくはないと思う。なぜなのか？

まず、主語に着目しよう。前半は「私たち」、後半は「お母さま」だ。一度しか変わっていない。次に、**接続の形式**に着目しよう。前半部分、「私たちなら、すこしうつむき」「スウプを掬い」の「うつむき」「掬い」は、**動詞の連用形が使われている。**

文を切らずに続ける場合、最も単純な方法が、連用形でつなげる方式である。連用形は、**前と後ろが単純に並列される形式**である。

ではその次はどうなっているだろう。「口元に運んでいただくのだけれども」では、「けれども」で逆接の形が使われている。さらにその先の接続形式に着目すると、「かけて」「無く」「挙げて」「揃って」と連用形でその連続する動作が表されている。**「けれども」を境にして、前半と後半が分かれているということができる。連用形ではない形式を用いて接続することによって、そこまでが一つのまとまりであり、そこから先は変化があることを示している**のだ。「けれども」が使用されていることと同時に、主語もそこから「お母さま」に変わっていることが観察できる。

連用形による単純な接続のほか、日本語では「文」を続ける方法が多数ある。「けれども」もそのうちの一つだ。ほかも見てみよう。


この本を読めば／読んだら／読んだなら　あなたは賢くなるはずだ。

この本を読んだので／読んだから／読んだため　わたしは大学に合格した。

この本を読んだけれども／読んだのに／読んだにもかかわらず　わたしは大学に合格しなかった。

私が大学に合格したとき／合格したあと／合格するまえ　彼女は中国へ旅立った。

大学に合格するため／合格するよう　たくさんの参考書を買った。

それぞれ、前半が従属節、後半が主節である。

最初の「この本を読めば／読んだら／読んだなら」は前半が条件になっている。そういうことをしたら、の意味だ。次の「この本を読んだので／読んだから／読んだため」はすべて原因や理由を表している。「この本を読んだけれども／読んだのに／読んだにもかかわらず」は逆接、「私が大学に合格したとき／合格したあと／合格するまえ」は時間、「大学に合格するため／合格するよう」は目的を表している。

このような接続形式は、前と後ろとを**論理的関係を明示して結び付ける。**現代の書き言葉では、論理的なつながりをきちんとすることが求められるので、これらを正確に使うことが必要なのである。

文をつなげる方法

連用形で並列する方法と、論理的な関係を明示する接続表現を使う方法があることを見た。日本語ではさらに、次のような形で文を続けることができる。

鳥が飛んで、馬がいなないた。

鳥が飛ぶと、馬がいなないた。

「鳥が飛んで、馬がいなないた。」はどういう意味だろう？

単純に、「鳥が飛んで、馬がいなないた」という二つの出来事を並べただけだろうか？私が牧場の前でドラムをたたきだしたところ、「鳥が飛んで、馬がいなないた」とするなら、鳥と馬の行動をそれぞれ対比させているとも読める。

いや、それだけではない。二つの出来事の時間的前後関係を表しているともとれる。鳥が飛んだ後で、馬がいなないた、ということだ。まだ考えられる。まず鳥が飛んだ。それによって、臆病なお馬さんがびっくりしていなないた、とも読める。この場合、前半が原因、後半がその結果だ。

このように、「て、で」（テ形）でつなぐ方式は、多様な意味を表せる。というか、多様な意味を表していると読むのは、あくまで論理的に分析をした場合であって、「て」は単純に二つの出来事を接続し、その両者に複合的な関係がありますよ、とする形式なのだ。「て」自体に何か意味があるわけではない。

では、「鳥が飛ぶと、馬がいなないた」はどうだろう。「鳥が飛んで」とどう違うだろう？

ほぼ同じようだが、「鳥が飛ぶと」としたほうが、二つの出来事に因果関係、もしくは時間的前後関係があるという印象が強まる。「と」を用いる形（ト形）は、その前と後ろが分かちがたく結びついていることを表す表現なのだ。

連用形の接続は、三つ以上の出来事を並列させることが可能なのに対して、テ形やト形は難しい。「鳥が飛び、馬がいななき、牛が驚いた。」は自然に言えるものの、「鳥が飛ぶと、馬がいななくと、牛が驚いた」は無理だ。ト形を使うと、構造的に「前件＋後件」の形になる。「前件＋後件」の二つの関係になるため、三つ以上並列はしにくい。

以上をまとめると、日本語では次の三つの方法で文を長くしていくことがわかる。

①「たら」「から」「ので」「けれども」などのように、前後の論理的関係をはっきりと示す形式

②連用形で前後を単につなぐだけの形式。並列形式

③「て」「と」を用い、前件と後件を結びつけるもの

②の連用形でつなげる形がもっとも並列的なつなげ方だ。ただ並べるだけである。③も並

列表現ではあるが、②よりは前半と後半に上下関係ができる。つまり前半が後ろに従属する。テ形とト形を比べると、ト形を使うほうが上下関係がよりはっきりする。

上下関係ができると、**読んだ感触としてはメリハリが出る。連用形よりはテ形が、テ形よりはト形のほうがメリハリができることになる。**もちろん、①のように「ので」とか「〜だから」など、前後の論理的関係をはっきりさせるものも、メリハリが生まれるのは言うまでもない。

言語学の「複文」と名のつく研究を見ると、「〜したら」とか「〜ので」のように、論理的関係を明示するものを対象としたものが多い。次に、テ形とか、ト形とかの前後の論理的関係がどうなっているかを論じるものもけっこうある。みんな論理的関係が好きなのだ。

なぜ、論理的関係が特に問題になるかというと、やはり背後にあるのは論理的言語観である。複文とは、単文が複数組み合わさったものだとされる。その単文の組み合わせにはなんらかの論理的関係がある、と考えられる（このとき、単文とは何かという問題は、不問に付される）。

本書ではマジョリティの研究からちょっと外れたところに着目しよう。「文」を切らずに、**複数の出来事を「一つの文」にしてしまうとは、どういうことなのだろうか？** 特に連用形で「文」を続ける形は比較的無視されやすい。連用形の接続は、論理的関係を特に打ち立てず、従属節と主節の上下関係も作り上げず、ただ並列する。なぜ並列するものをくっつけて、「一つの文」にしようとしているのだろうか？

どんなときに複数の出来事を並列させるのか、もしくはどんなときには上下関係を作りやすいのか、小説の文章を題材にして検討してみよう。

並列を避けたがる日本語

小説のような文章では、出来事が叙述される。出来事とは、何かが起こることだ。何かが起こるためには、時間が経過する必要がある。時間の経過に伴って、連続で起こることが、複合的な「一つの文」で表されることがある。

ぼくは黒板の前の教卓のところへ行って、授業用道具を置き、ゆっくり顔を上げてみなを見た。

（阿《あ》城《じょう》「中学教師」）

余司令が前方からもどってきて、かがみこみ、王文義の頸をつかんで声をころした。

（莫言《ばくげん》『赤い高粱《コーリヤン》』）

前者の例では「ぼく」を主語として、その連続して行う動作、後者では余司令を主語とする連続した動作がそれぞれ表されている。接続の形式は前者が「行って」「置き」「上げて」、と、後者では「もどってきて」「かがみこみ」「つかんで」とテ形と連用形が使われている。

このように、主語が同じで、**その時間的に連続した動作を表す場合、連用形やテ形で並列させ、「二つの文」にしやすいことがわかる。**二つの引用例とも、テ形と連用形が交互に出てきている。この二つは意味的には置き換え可能なことが多い。

しかし、日本語では**文末や節の末尾が同じ形だと、冗長に感じられる**から、少し形をいじる必要がある。「教卓のところへ行き、授業用具を置き」でも文法上はなんの問題もないはずだが、節の末尾がどっちも「き」になってしまうのを日本人は避ける。当たり前な気がするが、当たり前ではない。文末が動詞になる日本語は、どうしても末尾が重複しやすいので、書き分ける美学が発展してきたのだ。

さて、引用した二つの文、文法的には問題ない。しかし、である。「ちょっとダラダラしすぎじゃない?」と思わなかっただろうか? そうなのである。これは二つとも、中国語から翻訳したものだ。中国語では、動作の連続を比較的詳しく書き、しかもそれを並列させることがごく普通だが、そのまま日本語にすると、ちょっとダラダラした感じになる（中国語だとダラダラとは感じられない。この辺りも、表現が言語に縛られている例である）。

ではどうしているのかというと、日本語の場合はすでに述べたように、連体修飾構造を利用することが多い。

黒板の前の教卓のところで授業用道具を置いたぼくは、ゆっくり顔をあげてみなを見た。

こちらの方が、日本語としてはすっきりした印象になるだろう。

もちろん、次のように分割して複数の文にもできる。

ぼくは黒板の前の教卓のところへ行った。授業用道具を置く。ゆっくり顔を上げる。
そしてみなを見た。

分割した場合、一つの動作を一つのまとまりとして読者に差し出すことになる。映画で言えば、カットがいっぱい切られているような感じがする。このため、スピード感が出やすい。一方、連用形でつなげるということは、そこからそこまでの動作が一続きであることを読者に示すことになる。

ダラダラとした感じを避けるための方法がもう一つある。ト形を使うことである。

> ぼくは黒板の前の教卓のところへ行って、授業用道具を置くと、ゆっくり顔を上げてみなを見た。

元の文章とは、「置き」を「置くと」に変えただけだ。こうすると、前半が後半に従属する形になるため、前半と後半が分かたれ、メリハリができるから、ダラダラとした感じが減少する。

日本語の複文は、**単純に並列させる構造は好まれない**。「と」を用いることによって、上下関係を作るのは、修辞的な理由のためだ。中でも、「原因→理由」の関係が作りやすい場合には、「と」が用いられやすい。

王文義は耳を触ってみて、手が血だらけになると、悲鳴をあげてへたりこんでしまった。

「手が血だらけになると」のところで「と」が使われ、前半と後半が分けられている。この場合、手が血だらけになることが原因となって、悲鳴を上げる、という関係も読みやすいため、「と」を用いて前件を従属させる形を取っている。

主語が異なる場合

時間軸に沿って連続で発生する出来事の叙述でも、主語が異なる場合を観察してみよう。主語が同じであれば連用形で接続することで、時間軸に沿って連続的に行う動作を表せるが、異なる場合はどうだろうか。

「ＴＧＶでいらしたのですか」と接待係は聞き、ぼくは頷いた。

（ミシェル・ウエルベック『服従』）

ごく単純な文章だが、ちょっと詩的な感じはしないだろうか？　なぜだろう？

ここでは、二つの主語述語文「接待係は聞いた」と、「僕は頷いた」が連結されていると考えられる。連結の仕方は、連用形、すなわち並列の形だが、主語が変わっている。そこで、次のような例を考えてみよう。


（牧場で）馬は走り、鳥は飛んだ。

馬が走って、鳥が飛んだ。

馬が走ると、鳥が飛んだ。

馬が走ったので、鳥が飛んだ。


「馬は走り、鳥は飛んだ」では馬と鳥の動作が並列されている。両者は互いに関係なく動いているように、普通は読まれるだろう。この牧場の近くで銃声がして、馬は走り出し、鳥は飛んだのだ。馬と鳥の間に因果関係はない。

「馬が走って、鳥が飛んだ」だと、「馬が走ったことによって鳥が飛んだ」という読みが強まる。「馬が走ると、鳥が飛んだ」では、いっそうその読みが強まる。助詞も、「馬は」ではなく、「馬が」に変えている（「馬は」のままだと、おかしな文になる。「馬が走って」「馬が走ると」は、「鳥が飛んだ」にかかる従属節になっているからだ。従属節内では、「は」ではなく「が」を使うのである）。

「馬が走った。そのあとで鳥が飛んだ」のように、時間的な連続性がある二つの出来事を並べて、かつ主語が異なる場合、実はほとんどの場合、連用形での接続ではなく、テ形かト形、もしくは「走ったので」とか、「走ったあと」など、論理的な関係を明示する形になっているのだ。

ふりかえって「『ＴＧＶでいらしたのですか』と接待係は聞き、ぼくは頷いた。」のことを考えてみよう。接待係が質問したことと、ぼくが頷いたことは、「馬は走り、鳥は飛んだ」のように、相互に無関係な動作を並列したものではない。明らかに、接待係が質問したことによって、ぼくは頷いている。だから、現代日本語の規範的な書き方では、「接待係が聞いたので、ぼくは頷いた」のように、論理的関係を明示することが普通なはずだ。

さらに言えば、「接待係は聞き」と「は」が使われているから、これは従属節になっていない。**互いに関係する二つの動作のはずなのに、無関係なものとして並列する形式が選択さ**

れている。だからこの文は、ちょっと詩的な感じがするのである。

ちなみに、「接待係が聞くと、ぼくは頷いた。」も日本語として不自然だ。「と」とか、「すると」などの形は、前半の帰結として後半が自然に起こることでなければならない。この文の場合、後半の主語が「ぼく」なので、適合しない。なぜなら、「ぼく」は自分の意志で行動するのだから、「自然に発生する」形式を使用することができないのである。

「接待係が聞くと、洋はうなずいた」のように、後半が三人称なら問題ない。接待係の行為と、洋の行為は、どちらも自分自身について話しているわけではないので、自然に発生した出来事として表現することが可能なのである。日本語はつくづく「自然に発生する」ことを表すのが好きな言語だと思う。

例を変えよう。

任副官がかれの尻に鞭をくらわすと、王文義は口をゆがめて一声叫んだ。

任副官がかれの尻に鞭をくらわし、王文義は口をゆがめて一声叫んだ。

どちらも不自然ではないが、多く使われるのは「鞭をくらわすと」のほうである。前半と後半で因果関係があるため、連用形で単なる並列を表すのではなく、ト形を使って前半を従属させるほうが多くなるのである。

もう一度戻って来るのはアリ？

先ほどの例は、主語が一度だけ変わる形だった。では何度も変わる場合はどうだろう。

　馬が鳴き、鳥が飛ぶと、蛇が姿を現した。
?馬が鳴いて、鳥が飛ぶと、馬が驚いた。（?は文が成立するか怪しいことを表す）

「馬が鳴き、鳥が飛ぶと、蛇が姿を現した。」のように、「鳥が飛ぶと」のところをト形にすることによって、そこまでが前半（従属節）、その先が後半（主節）になる。この場合は自然な表現だ。だが、「蛇が姿を現した」を「馬が驚いた」にすると、文法的には不可能ではないが、書き言葉としては規範的な文とは思われない。主語が「馬↓鳥↓馬」と、戻って来てしまっている。こういうことは、通常は一つの文ではやらないほうがいい（誤りではないが）。

実例で確認しよう。

大柄な傀儡兵が銃で騾馬の尻を小突き、騾馬は怒って蹄を上げ、光った蹄鉄が泥を跳ね、傀儡兵の顔を泥だらけにした。

この例も、莫言『赤い高粱』を翻訳したものだ。しかし実際に出版された日本語訳を私がちょっと改変している。ここでは、「小突き、上げ、跳ね」とすべて連用形で切って続けているが、主語が「大柄な傀儡兵↓騾馬↓光った蹄鉄」と変わっている上、最後に「傀儡兵の顔を」と、「大柄な傀儡兵」がもう一度出てくる。

これは原文を直訳した形で、誤りではないが、読みにくい。そこで翻訳者の井口晃は次のように訳している。

大柄な傀儡兵が銃で騾馬の尻を小突くと、騾馬は怒って蹄を蹴あげた。蹄鉄が光って泥がはね、傀儡兵の顔が泥だらけになった。

非常に読みやすくなっている。最初を「小突くと」とト形に変えたうえで、「蹄を蹴あげた。」で一度文を切っている。こうすることで、前半と後半に分かたれ、メリハリができる。
現代日本語の「複文」では、規範的な書き方としてはト形を使ったり、「ので」や「〜だが」の形を使ってくさびを打ち込み、「前件＋後件」の構造を作るほうが自然であることがわかる。ちなみに中国語だと、主語が「A→B→A」と戻る「一つの文」は、しばしば見られる。規範が異なるのである。

大きなものから小さなものへ

ここからは、風景描写や人物描写の例を見てみよう。何か違いはあるだろうか。

　秋風はもの淋しく、日の光は強く、るり色の空にはつぎつぎに大きなわた雲が流れ、赤紫いろの影が高粱の上を滑っていく。

（莫言『赤い高粱』）

ダンスホールやバーはすでに枯れ葉のように消えており、夜になった都会はひっそりとし、店舗のまばらで不揃いなネオンの下、数名の浮浪者が身を縮めて街頭で野宿していた。

（蘇童《そどう》『離婚指南』）

一つ目の文は、それぞれ主語が「秋風は」「日の光は」「大きなわた雲が」「赤紫いろの影が」と変わっている。しかし接続の形式を見ると、「淋しく」「強く」「流れ」と、すべて連用形になっているではないか。次の例も、「ダンスホールやバーは」「夜になった都会は」「数名の浮浪者が」と主語が入れ替わっているのに、「消えており」「ひっそりとし」とやはり並列でつながっている。

つまり、**こうした情景描写では、主語が変わっても連用形等で並列させることができることがわかる。**なぜだろうか？

風景描写というのは、ある場面の記述だ。写真や映画であれば、それは一つの画面として提示されるものである。しかし、言葉の場合、一枚の画面として表すことはできないから、文を順番に並べていく必要がある。とはいえ、描写を並列させることが可能であるから、やっぱり私たちはこれを一つの画面のごとく捉えて言語化していることになる。人物描写の場合も同様、連用形で並べていくことが比較的自然にできる。

「一つの画面として提示される」のだから、風景描写をする際の言葉の配列は、自由でいいのだろうか？　どうも、ある程度は法則性というか、傾向があるらしい。

先ほど引用したもののうち、二つ目の文に着目してみよう。「夜になった都会はひっそりとし」と、「夜の都会」という全体的なことが提示される。次に「店舗のまばらで不揃いなネオン」が叙述される。これは夜の都会を背景とした中での、具体的な存在物だ。その下に、「数名の浮浪者」が野宿していることが語られている。

このように、標準的には「背景的なもの→具体的なもの」「大きなもの→小さなもの」「動かないもの→動くもの」の順で叙述されることが多い。もちろん、逆にすることも不可能ではない。

> 数名の浮浪者が身を縮めて街頭で野宿している上に、店舗のまばらで不揃いなネオンがあり、夜になった都会はひっそりとしていた。

どうだろう、こちらは読みにくいのではないか？　もっとも、次のようにすれば理解はしやすくなる。

数名の浮浪者が身を縮めて街頭で野宿していた。その上に、店舗のまばらで不揃いなネオンがあったが、夜になった都会はひっそりとしていた。

今度は、「文」を分けた。また、「その上に、店舗のまばらで不揃いなネオンがあったが、夜になった都会はひっそりとしていた。」として論理関係をはっきりさせている。

このとき、「夜になった都会はひっそりとしていた。」は主節になっている。主節になっているということは、その部分がもっとも言いたいことだということだ。夜の都会がひっそりとしていることが一番伝えるべき情報になっているので、もはや背景ではない。つまり、書き換えたほうは、すでに「一つの画面」として提示された描写ではない。

一つの画面としての描写で、「背景的なもの→具体的なもの」「大きなもの→小さなもの」「動かないもの→動くもの」の順で叙述したものとしては、例えば『枕草子』の有名なこの文章が挙げられる。

夏は夜。月の頃はさらなり、闇もなほ、螢飛びちがひたる。雨など降るも、をかし。秋は夕暮《ゆうぐれ》。夕日のさして山端《やまぎわ》いと近くなりたるに、烏《からす》の寝《ね》所《どころ》へ行くとて、三つ四つ二つなど、飛び行くさへあはれなり。

　どうだろう。まず「夜」という大きい叙述対象が挙げられている。そこからその「夜」の一部分に当たる「月」が叙述される。さらに「夜」から連想される「闇」が話題となり、その「闇」を背景にして「蛍」の叙述になっている。連想ゲームのようだ。

「秋」についても、「夕暮れ」という大きな対象を指定し、それと関連のある「夕日」を次の話題とする。次に、夕日の近くにある山端が導入されると、最後にもっとも小さく、かつ動く「烏」に言及される。

　このように「一画面描写」では、時間や場所がまず背景として設定され、大から小にむかって叙述されることが多い。また、空間的もしくは意味的に近いものへと視点が移っていくことが多い。

　なぜ、背景や全体を先に語るのだろう？　これを認知する人の、目の動きを表したものだろうか？　そうではない。私たちが蛍を見るとき、認知的に際立っているのは蛍であるはずだ。闇を見てから蛍に気づくわけでもない。一体として知覚しているはずだ。前提や全体から語りはじめて、部分や焦点に移行していくのは、そのほうが読者が解読しやすいからだろう。

「ト形」の有用性

小説のような文では、時間的展開のある出来事や、時間的展開のない描写（状態）が叙述される。

では次のようなケースではどうだろうか。

彼女は食事を終え、風呂から上がり、顔が赤らんでいた。

どうだろう。問題ないと感じるだろうか？　それとも、ちょっと違和感があるだろうか。次のようにしたほうが、読みやすくはないだろうか。

彼女は食事を終え、風呂から上がると、顔が赤らんでいた。

例によって、「風呂から上がり」を「風呂から上がると」に変えただけだ。「食事を終える

↓風呂から出る」は、どちらも彼女の行動だから、連用形で並列しやすい。一方、「顔が赤らんでいた」は、彼女の顔の状態なので、行動とはちょっと性質が違う。並列しないほうがいい。

そこでト形だ。ト形にすることによって、そこにくさびが打たれる。前半と後半が分かたれる。こちらのほうが、規範に合っている。「彼女は食事を終え、風呂から上がり、本を読んだ」なら、ト形を使う必要はない。述語が全部彼女の行動だから、並列できるのである。

ト形による接続の例として次にも注目してみよう。

> 夜中にお手洗いに起きて、お玄関の衝立の傍まで行くと、お風呂場のほうが明るい。何気なく覗いてみると、お風呂場の硝子戸が真赤で、パチパチという音が聞える。
>
> （太宰治『斜陽』）

この例の「お玄関の衝立の傍まで行くと」は、「玄関の衝立の傍まで行き」に変えないほうがいい。その理由は、「夜中にお手洗いに起きて、お玄関の衝立の傍まで行くと」が登場人物の行為なのに対して、「お風呂場のほうが明るい。」は、登場人物が見たその場の描写になっているからである。「行為→描写」に切り替えるときは、ト形が使われやすい。

次の「何気なく覗いてみると」も語り手の行為、その結果見える状態が「お風呂場の硝子戸が真赤で、パチパチという音が聞える。」である。やはり「行為→描写」の切り替わりにト形が使用されている。「お風呂場の硝子戸が真赤」と「パチパチという音が聞える。」はどちらも描写で、並列させることが可能だから、「真っ赤で」と連用形での接続になっていることがわかる。

太宰の長文はなぜ読みやすいか？

さて、ずいぶん長いこと複文の作り方について書いてしまった。先に引用した太宰治の書く「一つの文」は、やたら長いが、その割に読みにくくない。それは、本書で紹介してきた書き言葉の規範にがっちり適合しているからなのだ。『斜陽』の「長い文」をもう少し見てみよう。

> いつか、西片町のおうちの奥庭で、秋のはじめの月のいい夜であったが、私はお母さまと二人でお池の端のあずまやで、お月見をして、狐の嫁入りと鼠の嫁入りとは、お嫁

のお仕度がどうちがうか、など笑いながら話合っているうちに、お母さまは、つとお立ちになって、あずまやの傍の萩のしげみの奥へおはいりになり、それから、萩の白い花のあいだから、もっとあざやかに白いお顔をお出しになって、少し笑って、

「かず子や、お母さまがいま何をなさっているか、あててごらん。」

とおっしゃった。

（太宰治『斜陽』）

これも相当に長い文だが、読みにくくはない。まず、「西片町のおうちの奥庭で、秋のはじめの月のいい夜であったが」と、場所と時間の説明から始めている。場所と時間は背景的な情報であるため、ここから語り始めたほうが読み手は理解しやすい。

続いて「私は」を主語とする節が続き、「お母さまは」から先は「お母さま」を主語とする節に切り替わっている。主語の交替は一度だけだ。

その主語が切り替わるところでは、「話合っているうちに」と従属節であることを示す形式にしている。このため、ここまでが前半、そこから先が後半であることが明示され、全体的に二つのまとまりで構成されていることがわかる。一見すると長いが、「前件＋後件」でしかないため、理解が容易である。

私は、どうしてだか、急に泣きたくなり、

「ゆうべは、ごめんなさい。」

と言うのが、やっとで、いそいでおいとまして、道々、涙があふれて来て、顔がだめになったので、いったんお家へ帰って、洗面所で顔を洗い、お化粧をし直して、また出かけようとして玄関で靴をはいていると、お母さまが、出ていらして、

「まだ、どこかへ行くの？」

とおっしゃる。


この例は、傍線を引いた「また出かけようとして玄関で靴をはいていると」までは、「私」が主語だ。その次に「お母さまが」と主語が変わっている。主語が変わるところでト形が使われて、その前までが前件、そこから先が後件とされていることがわかる。構造が明確だ。

「私」を主語とする前半部分を眺めるとどうだろう。「急に泣きたくなり」から始まって、言葉を発して、おいとまして、涙があふれて来て、とあるように、時間軸に沿って順番に起こることが、連用形かテ形で並列されている。あまり並列されると冗長になってしまうが、

「顔がだめになったので」のところで、「ので」接続にしている。さらに「帰って」「洗い」「お化粧をし直して」と、連続する動作がテ形と連用形で並んでいく。

以上、素描してきたが、日本語の複雑な複文では、大きく分けて並列形式と非並列形式がある。いかなる場合に並列が使え、いかなる場合にそうでないのかは、さらに検討を進める必要があるだろう。

野坂昭如『火垂るの墓』

太宰の『斜陽』は一文が長いにもかかわらずわかりやすい。規範的な書き方に則っているからだ。逆に規範的ではない例、というか、戦後に日本人が書いた小説史上、最もわかりにくい「文」（私が読んだ中で）を出そう。野坂昭如の『火垂るの墓』の冒頭である。おそらく、多くの人がスタジオジブリの映画では見たことがあるだろう。一回で意味が取れたらすごい。

　省線三宮駅構内浜側の、化粧タイル剥げ落ちコンクリートむき出しの柱に、背中まるめてもたれかかり、床に尻をつき、両脚まっすぐ投げ出して、さんざ陽に灼かれ、一月近く体を洗わぬのに、清太の痩せこけた頬の色は、ただ青白く沈んでいて、**夜になれば昂ぶる心のおごりか、山賊の如くかがり火焚き声高にののしる男のシルエットをながめ、朝には何事もなかったように学校へ向かうカーキ色に白い風呂敷包みは神戸一中ランドセル背負ったは市立中学、県一親和松蔭山手ともんぺ姿ながら上はセーラー服のその襟の形を**見分け、そしてひっきりなしにかたわら通り過ぎる脚の群れの、気づかねばよしふと異臭に眼をおとした者は、あわててとび跳ね清太をさける、清太には眼と鼻の便所へ這いずる力も、すでになかった。

多くの読者は、何度読んでもわからないのではないか？　入試問題に使えば、受験生が混乱の渦に巻き込まれること必至の文章だ。

まず、「省線三宮駅構内浜側の、化粧タイル剥げ落ちコンクリートむき出しの柱に、背中まるめてもたれかかり、床に尻をつき、両脚まっすぐ投げ出して、さんざ陽に灼かれ、一月近く体を洗わぬのに、」までは、まあ理解できる。次に「清太の痩せこけた頬の色は」ときて、ようやくそこまでの描写が清太のものであったことが判明する。

ただ、そこからがまたわかりにくい。「清太の痩せこけた頬の色は、ただ青白く沈んでいて」とあるから、清太の顔について話していることはわかる。ここの接続のしかたがいけない。「ただ青白く沈んでいて、」はテ形の接続だ。テ形の接続はここまでクドクド書いているように、並列である。

とろがどっこい、そこから先、ゴシックにした部分はもはや清太の描写ではない。「見分け」の非常に長い目的語なのだ。一二六文字もある。「見分け」の意味上の主語は何だよ、清太の目か？

で、「見分け」も連用形接続なくせに、主語が変わっている。変わっているのに、修飾語がまたやたらと長いので、何が主語かわかるまで非常に時間がかかる。ようやく出てきたころにはパニックである。さらに、最後になって「清太には」と、また主語が戻ってくる。戦後なのに『源氏物語』より難しい。

ただ修辞的には描写が動いて感じられる。映画で言えば長まわしのようであり、カットが割られることなく次々に対象を変え、叙述されているように思われる。まず「清太」という語が登場する前に、駅が導入され、その「化粧タイル剥げ落ちコンクリートむき出しの柱」が叙述されると、そこにもたれかかる体の部分が叙述される。そこではじめて清太と青白い頬に焦点が当たると、「夜になれば昂ぶる心のおごりか、山賊の如くかがり火焚き声高にののしる男」へと焦点が移る。

この「夜になれば」からは男の行為にカメラが移ったように感じられる。同様に、「朝には何事もなかったように学校へ向かうカーキ色に白い風呂敷包みは神戸一中ランドセル背負ったは市立中学、県一親和松蔭山手ともんぺ姿ながら上はセーラー服のその襟の形」も単に目的語というよりも、この場面においてカメラの前を通過する存在物を映し出しているようになっている。そしてその人たちが清太をさけるところまで、一連の流れとして語られていることがわかる。

と、解説してみたので、もう一度読んでみてほしい。いかがなものでしょう？

第十章　「文」の文法からこぼれ落ちた問題——語用論、テクスト

狂ったわけでもないのに犬の糞を浴びた男

『韓非子』（内儲説《ないちょぜい》下）から、次の文を読んでみてほしい。

燕国の人で、頭がおかしくなったわけではないのに、わざわざ犬の糞を浴びた男の話。

その燕国の男の妻は、別の男と不義密通を働いていた。その日、夫がたまたま早くに外出先から帰ってきてしまったために、ちょうどその密通相手が出て行くところを見てしまった。

「誰だ、あの客は」と夫は言った。

「いえ、客なんておりませんでしたよ」と妻は言った。

周囲のものたちに尋ねても、誰も来なかったと口裏を合わせている。

「あなた、頭がおかしくなったのではないですか」と妻は言った。

そこで、男は犬の糞を浴びた。

二千年以上前の文章だけれども、夫がたまたま予定よりも早く帰ってきてしまい、不倫の現場に出くわすという、現代でもありがちな話だ。

夫は「誰だ、あの客は」と聞いているが、もちろんこれは単純な疑問文ではない。仮に、この質問に対して妻のほうが、「あの人は三丁目に住んでいる鈴木一郎さんです」と答えたとして、それだけでは適切な答えにならないだろう。夫は「何しに来ているんだ」等の質問を続けるに違いない。要するに夫は、その男が誰かを知りたいだけでなく、なぜ自分の家にいるのかが聞きたいのだと推測できるからである。

「いえ、客なんておりませんでしたよ」と答える妻の意図は何か。不倫相手がいたことをもう忘れているのだろうか？　もちろん、そう思う人はいないだろう。そこに男がいたことを隠す意図があって、この発話をしていると考えられる。妻は「あなた、頭がおかしくなったのではないですか」と続ける。書かれていないが、夫はあくまで、そこから男の客が出て行ったのを見たと主張したのだろうと推測できる。

だが、最後の「そこで、男は犬の糞を浴びた。」はどうだろう。

意味がわからない。いや、わかるはずだ。なにせこんな簡単な文なのだから。男は犬の糞を浴びたのだ。以上だ。

それで意味がわかったと言えるだろうか？

言わない。なんで糞を浴びたかわからないからだ。つながりがわからないのだ。

ここまで「文」とは何かについて考えてきているけれども、「文」なるものは現実と一対一で合致するものではない。読み手のほうは、表現された「文」を手掛かりにして様々に読み解くのである。その際、私たちは**文脈に照らし合わせて**解読する。文は文脈に埋め込まれて意味を持つ。

話し手は誰かに語りかけるときには、**なんらかの意図を持って発話する。**聞き手は、「誰だ、あの客は」という発話にも、「いいえ、客なんておりませんでしたよ」という発話にも、なんらかの意図があると推測する。犬の糞を浴びるという行動についても、なんらかの意図があると推測する。まったく無意味に浴びるとは思わない。おそらく、その前の会話と**なんらかのつながりがあるだろう**と考える。

今、私は「推測する」と何度も書いた。実際に「文」が使われる際、それを聞いたり読んだりする場合、こうした話し手の意図や前後のつながりも常に推測しながら、意味を解釈しているのだ。

このように、発話者が実際に「文」を使用する場面や状況、意図のほか、それを推測する方法などを扱う分野を語用論という。また、「文」は集まって文章（テクスト）となるが、その「文」のつながりを考える分野をテクスト言語学という。本章では主にこの二つに沿って「文」について考えてみることにしよう。

読み手の理解はアバウト

語用論とテクスト言語学を見る前に、先ほどの『韓非子』の文章についてもう少し考えてみよう。

不倫された夫が糞を浴びた理由は何だろう。その理由を推測するには、出だしの文「燕国の人で、頭がおかしくなったわけではないのに、わざわざ犬の糞を浴びた男の話。」を見るといい。こう訳出したが、原文はたった八文字「燕人無惑、故浴狗矢」である。最初の四文字は「燕人は『惑』、つまり幻惑されてはいない」の意味。「狗矢」とは「犬の糞」のことだから「浴狗矢」は「犬の糞を浴びた」の意味だ。

あともう一文字。「故」である。この字のもっとも基本的な意味は「ゆえに」である。だが、そのように取ると、「頭がおかしくなかったので、犬の糞を浴びた」という意味になってしまう。これだと古代中国では犬の糞を浴びるのが正常な人ということになるが、いくらなんでもそれはない。

「故」には、「ことさらに、わざわざ」の意味があるので、こちらであろうと文脈から推し量ることができる。男は確かに不倫相手を見たのだが、妻にも周囲の者（召使）にも「誰もいなかった」と言われて、幻覚を見たと判断したらしい。幻覚を見るのはなんらかの魔術のようなものをかけられているからで、それを破るのに犬の糞を浴びるのだろう。とするなら、古代中国では幻覚から脱するために犬の糞を浴びる習慣があったことになる。正しい推測だろうか？

なお、『韓非子』では、続きがあって、この話を補足している。

或いは、こうも言われている。

燕国の人、李季は遠出が好きであった。その妻が男と不義密通を働いていた。季がふいに帰ってくると、まだ不倫相手が家の中にいた。妻が慌てた。小間使いの女が言った。

「このお方には裸になってもらい、髪を振り乱して、門を出て行ってもらいましょう。私どもは、何も見なかったふりをいたします」

そこでその策に従い、男は疾走して門から出て行った。季が言った。

「誰だ、あいつは」

家の者はみな言った。

「はて、誰のことでしょう」

季は言った。

「俺は化け物を見たのか？」

女たちは言った。

「そうでしょう」

「どうしたらいいだろうか」

「五牲（牛、羊、豚、犬、鶏）の糞を取って浴びなさい」

「わかった」

そこで、糞を浴びた。或いは、蘭の湯を浴びたとも言われている。


もとの話では古代の人にとっても意味不明だったらしい。こちらでは文脈が補足されている。これだと、糞を浴びる理由は、最初の文よりもわかりやすい。

ただ、もう少し突っ込んで考えると、犬の糞を浴びるとは具体的にどうやるのだろう。「浴」という字が使われていると、バシャーッとかぶりそうだ。実際、手元の『新釈漢文大系』では、「頭から浴びた」と訳されているが、そのためには桶かなにかにたんまり入れ、いったんペースト状にするか、水でよく溶く必要があるように思う。

そんなに都合よく犬の糞が大量にあったのだろうか？　あるいは古代では犬の糞が常時準備されていたのだろうか？　「浴」の字には「体を洗う」の意味があるから、全身に塗りたくるのかもしれない。それだと、大量の糞は必要ない。ただ、最後が「蘭の湯を浴びたとも言われている。」なので、このつながりから解釈するとやはり液体のように思う。

文字通りの意味を現実世界に即して理解しようとすると、やはりけっこう大変だ。そんなことを考えなくても、読者は右のエピソードは理解できた気になっていただろう。文を読むとき、私たちは正確に現実にある具体的事物を参照しているわけではないのだ。「赤」という語は、実際には幅広い色に対応しているけれども、個別の赤をイメージするわけではなく、赤一般として抽象化されたものを理解するだけだ。それは長い文になっても同様なのである。

日常会話と遂行文

語用論とは、言葉を実際に用いる際にどうなるか、という意味合いである。言語学というよりも、もともとは哲学の領域で使用される概念であった。もう何度か説明したように、二〇世紀の中盤までの言語哲学はおおむね、「文」と真理を対応させようと頑張っていた。「文」をあたかも人間から独立したものであるかのように扱っていたのである。

哲学の文脈の語用論の発想も、独立した「文」が先にあって、それを人間が用いる際にどのようなことが起こるか、というところから出発していることが多い。

語用論が注目を浴びるようになったのは、オースティンの『言語と行為』と、サールの『言語行為』からである。オースティンは、「明日、遅刻しないと約束するよ」の「約束する」だとか、「警告する、ただちに帰りなさい」の「警告する」などに着目した。

欧米の言語哲学は「真か偽か病」にかかっていたので、その目から見ると、「約束する」とか「警告する」が述語になっている「文」が、例外的に感じられたのだ。何かを「約束する」という場合、それが真か偽かが重要なのではない。ここでは事実を伝えることではなく、むしろ「約束する」という行為をそこで行っているのだと考えた。

そこで、「明日、遅刻しないと約束するよ」のように、言葉を発することを**発語行為**と呼び、その発語行為をすることで約束したり警告したり命令したり疑問を呈したりすることを**発語内行為**と呼んだ。また、約束だとか、警告、命令、疑問などなど、その内容のことを発語内効力と呼んでいる。

先ほどの犬の糞を浴びた話に戻ると、「誰だ、あの客は」と、夫は発語行為を行い、最初に疑問を呈した。しかし、単に疑問を投げかけているだけではない。語調によっては妻をなじることも同時に行っていると考えられる。これも発語内行為と呼んでいいだろう。「いえ、客なんておりませんでしたよ」と発語行為を行っている妻は、夫を欺こうとする発語内行為を行っている。

日常のコミュニケーションを考えると、誰かが言葉を発するというのは行為にほかならないし、言葉を使って約束だとか命令だとか疑問だとか騙すだとかいったことを行っているのは当たり前と言えば当たり前だ。そうだけれども、言語哲学というものは学問的にはどちらかというと排除されていたし、文法の分析にも組み込まれていなかった。学校の国語でも、発話者や発話行為などは考慮に入れられていない。

ところで、「明日、遅刻しないと約束するよ」は的確な文だけれども、わざわざ「約束する」などと言わないで約束することのほうが、日常では多いだろう。待ち合わせをする予定の人に、「明日は遅刻しないようにするね」と言うだけでも、これは立派な約束だ。欧米の言語哲学は、「文」と真理が対応していないと気が済まないので、「明日は遅刻しないようにするね」のような「文」には、「明日は遅刻しないようにするねと約束する」の「と約束する」が本当はあって、これが省略されていると考えていた。そんな何が何でも対応させようとしなくてていいと思うのだが……。

このように、「文」を発することによって約束したり警告したりと、何かを行うタイプの「文」を遂行文、そうでない普通の文を事実確認文などとも呼ぶ。

だが、やっぱりおかしい気がする。事実を伝えるような「文」だって、日常のコミュニケーションで使われている「文」は、何かしら相手に伝える意図があってやっているわけだ。単に真か偽かが決まる文を空中に放り投げているわけではないのだから。そうすると、あらゆる「文」は日常のコミュニケーションで使われる限り遂行文なんじゃないか？ とも考えられるし、実際そう考えられるようにもなった。

「会話の含意」から「関連性理論」へ

私たちは「文」に書かれている以上のことを、解釈している。その一つが推論だ。例えば、朝起きてきたときに、妻が「今日は火曜日だよ」と言ったとする。文字通りの意味は曜日を伝えているだけであるが、この発話にはそれ以上の意味が含まれている。この発話を聞いた私は、例えば「じゃあ、ゴミを出してくるよ」と返答するだろう。

「今日は火曜日だということは、燃えるゴミの日である。わざわざ火曜日だと伝えるのは、ゴミ出しをしてほしいとのことだろう」と推論して、こう答えたわけだ。こうしたコミュニケーションは日常的に行われている。これがうまくできる人は「気が利く」と言われるし、できない人は苦労するハメになるだろう。

こうした推論のありかたに注目し、大きな業績をあげた哲学者がグライスである。グライスは、コミュニケーションについて、「協調の原則」というものを考えた。簡単に言えば、私たちは会話をするとき、できるだけその目的や方向に沿った形で協調的に発言しようとする、という原則である。

この原則には「質の格率」「量の格率」「関係の格率」「様態の格率」の四つが含まれる。「質の格率」とは、「偽だと信じていることを言わない」という原則である。嘘や間違いでもない限り、普通は正しいと思っていることを言うし、聞き手もそう思って聞く。「量の格率」とは、「必要な量の情報を提供すること」である。

「今日は火曜日だよ」は、私と妻との間では、「量の格率」に違反しているとは言えない。大量のおむつを捨てたくてたまらない我々夫婦にとって、燃えるゴミの日はぜったいに逃せない重要な日である。朝に火曜日だと言えばもはやその意図は十分伝わる。だが、たまたま遊びに来ていた私の両親に「今日は火曜日だよ」といってもその意図は伝わらないだろう。「量の格率」に違反していることになる。

「関係の格率」は単純で、関係のあることを言え、というものだ。その場の状況や前の発話とまるで関係ないことを言うと、支離滅裂な人だと思われるだろう。「様態の格率」とは、できるだけ曖昧な言い方をさけたり、無駄に長くしゃべったり、順番をめちゃくちゃにしてしゃべったりせず、明瞭で順序立ててしゃべるのが原則、ということである。

通常、私たちはこうした原則にのっとって会話しているので、そんなものだと思って推論もする。「関係の格率」があるので、「今日は火曜日だよ」と言われると、私は「何か関係のあることを言っているのだろう」とすぐに判断し、その含意しているところを推論するのである。

改めて最初の糞エピソードを見てみよう。

「誰だ、あの客は」と聞いた夫だったが、「いいえ、客なんておりませんでしたよ」と妻に返される。質の格率があるので、妻は正しいと信じていることを述べていると推論するのがデフォルトである。なので、そのとおりに夫は信じてしまい、幻を見たのだと推論してしまう。

逆に、夫はここで自分の目を信じ、あくまでも知らない男がいた、とする信念を譲らないとしよう。とすると、妻の発話は「質の格率」に違反していると推論できる。なぜ違反しているのか、それは嘘をついているからだ、と考えを展開していくことになるだろう。

グライスの理論を受け継いで発展させたのが、ウィルスンとスペルベルの関連性理論である。グライスはコミュニケーションについて、協調性を重視したけれども、必ずしも人々が協調するわけではないのは、さきほどの例で妻が嘘を言っていたことからも明らかだ。ただ、誰かが何かを発話している以上、聞き手の側は、自分にそれが何か関連していることだろうと自動的に思うようにできている。これを「伝達的関連性の当然視」と呼んだ。

そもそも、人間は言語だけでなく、周囲の様々な情報を認知している。けれども、日常ありふれたものについては、特に関心を払わなくなる。注意すべき事柄に、自動的に意識を振り向けるようにできているのだ。これを関連性理論では、「認知的関連性の原理」と呼んだ。聞き手は、与えられた言語情報に関しても、自分について最も関連性があることに注意を払う。

関連性の理論ではこうした点から、私たちが推論をどのように行っているのか、詳しく考えている。

日本語のぼかしは丁寧表現

「語用論」の考え方自体、言語と世界を対応させる論理的言語観から出発している。その言語観において二次的なものと考えられていたコミュニケーションの側面や、「文字通りの意味」以外のものに目を向けようという意図が、その発想の根底にあるように思われる。

だが、言語を使ってコミュニケーションする以上、コミュニケーションに関連する要素も文法や語彙の中に組み込まれている。「この」「その」「あれ」「今」といった指示詞の類は話し手と聞き手がどういう状況に置かれているかで指し示すものが変わる。つまり、言葉だけでは指示対象が決まらない。指示対象が決まらないと真か偽か言えないので、伝統的な言語哲学では、それだけで文字通りの意味が決定できないことになる。ということで、指示詞が何を指すかについても、語用論の研究範囲に入れられてしまっていた。

日本語では、文末に「だよね」とか、さまざまな助詞をくっつけるが、これは聞き手に対してなんらかの意味を伝えているから、コミュニケーションにかかわるものだ。文法に組み込まれているのである。

日本語では敬語も重要だ。敬語はもちろん文法で扱うものだけれども、話し手と聞き手のコミュニケーションにかかわるものだから、真理の問題とは何の関係もない。「先生がおっしゃった」と言っても、「先生が言った」と言っても、起こっている出来事は変わらない。敬語などは、単なる推論の問題ではなく、文法形式としても表されている。

また、日本語でのコミュニケーションでは、諸外国語に比べても特に、話し手が断定することと、相手の言ったことを直接否定することを嫌うので、そのための方法が発達している。断定や否定を避けるために使われるのが、ぼかし表現である。「とか」や「など」をやたらとたくさん使いがちだ。

何食べたい？
ラーメンとかどう？

ここの「とか」にたいした意味はない。しいて言えば、「ラーメン以外にも選択肢はあるので、特に断定するわけではないんですけれども、ラーメンではいかがでしょうか？」とでもいうような気持ちを表す。この使い方がさらに進むと、どう考えても選択肢が一つしかないのに、「とか」「など」を使ってしまう。

（何かを切ろうとして）ハサミとかありませんか？

　この場合、ハサミ以外いらないに決まっている。しいて言えば他の可能性はカッターくらいだ。チェーンソーではあるまい。だけれども「とか」を入れてしまう。ぼかしたい、断定したくない気持ちの表れだ。「曖昧な表現はやめましょう」としばしば言われるので、こうしたぼかし表現に眉を顰《ひそ》める人もいるが、どちらかと言うと丁寧な気持ちの表れである。「ラーメンになります」の「なります」も断定を避ける言い方の一つだ。誰もラーメンになりはしない。「なる」は、自然にそうなる、の意味なので、断定を避ける心理から使われるようになったと考えられる。伝聞表現や「〜らしいよ」のような表現を多く使うのも、同様の理由だろう。

　直接否定しない表現については、「大丈夫です」「結構です」などがその代表格だ。本当は否定したいところだけれども、日本人は直接否定されることを嫌がるから、肯定的な表現で否定を表す。「大丈夫です」など、もはや否定の文脈で使われることが多すぎて、否定の意味として脳内辞書的にも登録されてしまっているだろう。「曖昧な言葉禁止！　大丈夫とか言うな」などと言われると、困ってしまう。特に、目上の人にどうやって否定や拒否を伝えるべきか悩ましい。こんな会話を考えてみよう。

この本、面白いんだけど、読まない？

読みません。

話し手としては、自分が面白いと思っている本を紹介している。とはいえ、面白いと思っているのは自分であって相手ではないから、断定ははばかられる。そうすると、「面白いんだけど」のように、若干ぼかした表現を用いることになる。目上の人が言う場合には、「面白いから」といってもそこまで問題にはならない。

だが、「読みません」と否定されるとやっぱりちょっとカチンとくるに違いない。せっかくすすめているのに、何ということだろう、となってしまう。「いや、大丈夫です」のほうがまだ和らぐ（この場合には「最近時間がなくて――」などのさらに別の表現に変えるだろう）。

相手が間違っているときも、直接訂正しては角が立つ。「～だけどね」とか「～ですが――」「～だと思いますが――」などと表現する。直接否定されるとたとえ自分が間違っていてもむっとするものだ。日本語では、ぼかし表現を使わないと失礼になることが少なくないのだ。

否定表現の形式で言うと、もうすっかり定着した「微妙」などの表現もある。こちらは、より正確に言えば、「まずい」「だめだ」など、より否定的に表現されるべきものを言い換えたものだ。

今日、ラーメン食べない？
いやです。

こんな会話は、実際にはほぼ見られないだろう。「いやです」の代わりに、「微妙」などの表現を使うのだ。

「行けたら行く」という人はだいたい来ない。それは、「行くつもりがない」のぼかし表現として使われているのだ（本当に行けるかどうか決まっていないときにも使うけれども）。

「文」のこうした使用の側面は、語用論では「ポライトネス」の理論として知られている。日本語のような言語は、特にポライトネスが文法に組み込まれているし、表現のバリエーションも比較的多い。ただ、敬意を表したり、謙遜したり、相手を傷つけないようにしたりといった行動自体は、人間であれば誰でも、どの言語でも行っていることだろう。

テクストの結束性

「文」は単独で使われるわけではない。普通は組み合わさって文章となる。文章となると、とらえどころが難しいので、現代の言語学のほとんどは、「文」を最大の単位としてきた。だが、言語学を広く言葉の研究ととらえるなら、文章の研究もしなければならない。

文章の単位で言語を考える分野にテクスト言語学（テキスト言語学ともいう）がある。テクストとは、もともとは織物の意味で、「文」が織物のように結びついて出来上がるさまから、文章のことを指す。テクスト言語学は語用論と関心が似ている。どちらも「一つの文」以上の単位で考えるので、「語用論」と「テクスト言語学」の区別はなされていない場合も多い。ただ、今見てきた通り「語用論」は言語哲学の文脈から派生したものが主流だ。それに対して、テクスト言語学のほうが、「文法」に近い。文章の単位で文法を考えているものであり、かつて修辞学と呼ばれたもの、つまり文章の作り方、レトリックなどの現代言語学バージョンといったところである。

テクスト言語学の重要な概念に、「テクストの結束性」というのがある。文章は「文」が集まってできるわけだが、バラバラに並んでいるわけではない。バラバラに並べられたら支離滅裂で理解が難しくなってしまう。「文」と「文」は、結び付けられているわけだ。

では、どうやって結び付けられているのか。意味的な関連でそうなっている場合もあるし、文法的な手段でまとめられている場合もある。その代表的な手段が指示詞である。

　鈴木先生がまた風邪をひいた。あの先生はほんとうによく風邪をひく。

日本語の指示詞は「あれ、これ、それ」「あの、その、この」の三系列ある。この使い分けは、日本人にとっては簡単だが、実は意外と複雑だ。日本語がかなりうまい外国人でも、しばしば間違えてしまう。例えば、掲げた例の「あの」は、「その」にすることはできない。一方、「鈴木先生がまた風邪をひいた。」と言うA君に対して、B君は「その先生はよく風邪をひくの?」と尋ねることができる。何が違うのか。

B君が「その先生」と呼ぶとき、B君は鈴木先生のことをよく知らない。「あの」で指示するのは、知っている場合だ。「鈴木先生がまた風邪をひいた。あの先生はほんとうによく風邪をひく。」の場合、話し手は鈴木先生のことを話題にしているわけで、鈴木先生を知らないわけがない。とすると、「その先生は」とは言えなくなってしまう。

先行文脈で言及された要素が、次の「文」で出てこなくなるのも、「文」と「文」を結束させる方法の一つとなる。

> 真一は先に立って、池のなかの飛び石を渡った。「沢渡り」と呼ばれている。
> （川端康成『古都』）

この例で、「沢渡り」と呼ばれているのは「池の中の飛び石」であるが、二番目の文「『沢渡り』と呼ばれている。」自体には登場しない。最初の「文」と一体になっているために、出てこなくなるのである。

またテクストでは、ある話題について複数の「文」を並べることによって継続的に叙述を続けることが多い。例えば次の文章では何を話題にしているだろうか。あえて、その話題の部分を省略している。

長さは五六寸あって上脣《くちびる》の上から顋《あご》の下まで下っている。形は元も先も同じように太い。云わば細長い腸詰のような物が、ぶらりと顔のまん中からぶら下っているのである。

有名な文章なので、読んだことがあれば別だけれども、初めて読むなら、情報処理に時間がかかったのではないだろうか？　よく読めば、顔の真ん中にある物体の話をしているのだから、おそらく鼻の話だろうというのはわかるだろう。

この文章は有名な芥川龍之介の『鼻』の冒頭から、「禅智内供《ぜんちないぐ》の鼻と云えば、池の尾で知らない者はない。」をカットして提示したものだ。芥川は、最初に「禅智内供の鼻」を話題として提示して、そこからその話題についての叙述を続けているわけだ。

何が話題になっているかわかるのと、わからないのとでは、読み取りやすさがまるで異なることが実感できるだろう。最初に話題をわかるように提示してから続けるのが普通の文章の作り方である。逆に言えば、話題の提示部分を飛ばして、個々の「文」だけ見ると、何の話をしているかよくわからないことが多い。「文」と「文」がある話題のもとで結束し、全体で意味をなしているからである。

口語に主従関係はない

「文」と「文」をつなげる役割をするものに、接続詞がある。どんな接続詞があっただろうか。教科書などの一覧表を眺めてみると、気が付くことがある。

それで、そのため、それから、そのうえ、そうすると……

「それ、その」など、「そ」から始まる言葉が非常に多いのだ。これらの語は、指示詞から変わったものである。「それ、その」などの「そ」系列の指示詞は、前に出てきた文脈を指示するので、「文」と「文」を接続するのに使われやすい。英語も指示詞の that が接続詞としても使われるように、指示表現は接続詞に転用されやすいのである。

では、次のような接続詞は、どのような語から構成されているだろうか。

だから、だけれども（だけど）、では、でも

「だから」と「だけれども」（だけど）は、「だ」に「から」「けれども」がついた形だ。「だ」とは何だろうか？　「だ」は普通、文末につく助動詞である。

私は大学生だ。
私は大学生だから、お金がない。
私は働いていない。だから、お金がない。
彼は大学生だけれども、ポルシェに乗っている。

「私は大学生だから、お金がない。」は、「私は大学生だ。」の「だ」に「から」をつけて、複文にしたものだ。このように、文末の形式に何かがついたものが独立した地位を獲得し、「だから」のような一つの語になる。そうすると、「私は働いていない。だから、お金がない。」の「だから」のように、独立して「文」の頭に来るようになる。「だけれども」も独立して文頭に置くことができる。そもそも「けれども」も、文末に来る「けり」に「ども」が付いた形だ。

書き言葉の場合、「。」で「文」が截然と区切られる。だが、これは「書かれた言葉」として、理性的に整えられたものである。話し言葉の場合にはその区切りは必ずしも明確ではない。文末と文頭は隣接しており、連続的なものなのだ。

話し言葉では、終止形で文を終わらせることはむしろ少ない。「〜し」「〜だが」「〜けれど」「〜だから」「〜のに」や「〜って」のような形式を頻繁に使う。これらは、どのように使われているだろうか。

　今回は数学もちゃんと勉強したんだよ。テストの点は取れなかったけど。

先に出した、「彼は大学生だけれども、ポルシェに乗っている。」の「彼は大学生だけれども」は従属節で、「ポルシェに乗っている」が主節だ。では、「今回は数学もちゃんと勉強したんだよ。テストの点は取れなかったけど。」はどうだろうか？

意味からすれば、「テストの点は取れなかったけど、今回は数学もちゃんと勉強したんだよ。」を倒置させた形である。「テストの点は取れなかったけど」は依然として主節に従属しているようである。

しかし、書き言葉として整えられた「テストの点は取れなかったけど、今回は数学もちゃんと勉強したんだよ。」と、話し言葉の「今回は数学もちゃんと勉強したんだよ。テストの点は取れなかったけど。」では、何かが異なる気がする。どう異なるだろうか？

後者の方は、まず「数学もちゃんと勉強した」という情報を伝えたうえで、「テストの点は取れなかったけど」と説明を後から補足しているように思われる。「テストの点は取れなかったけど。」は従属しているわけではなく、「今回は数学もちゃんと勉強したんだよ。」に続く情報として、対等な立場で出てきていると考えられる。

つまり、話し言葉では「従属節—主節」のように、上下関係を作って「文」を続けているわけではないのではないか。思いつく順番で、比較的単純な構造を連鎖させているだけなのではないか。

書かれた文「テストの点は取れなかったけど、今回は数学もちゃんと勉強したんだよ。」が先にあって、その「倒置」した形として「今回は数学もちゃんと勉強したんだよ。テストの点は取れなかったけど。」があるとするのは、書き言葉中心主義であり、論理中心主義的言語観である。

むしろ、「テストの点は取れなかったけど」という節と、「今回は数学もちゃんと勉強したんだよ」という二つの節が対等な関係として先にある。それを理性的で規範的な言語として書き言葉化した際に、前者が後者に従属させられるのではないだろうか。

さらに、次のような例ではどうだろうか。

まだ何も言ってないんですけど。

え、俺も買ってきたのに。

明日は残業だから。

最初の「まだ何も言ってないんですけど」の「けど」は単に、主張をぼやかすためだけに使われていて、意味的にも何かに従属しているわけではない。以後の「のに」や「だから」も同様だ。こうした例は、外国語に翻訳される際にほとんど消えてしまう。

こうした「けど」「のに」「だから」の例は、「従属節の主節化」などと呼ばれているが、この呼び方も書き言葉中心主義、さらには西洋的な論理的言語観の影響を受けたものである。口語では、そもそも最初からそれほど「従属」していないと考えられる。それを書き言葉の規範へと組み替える際に、従属化させられるのだ。

日本語の口語において、節の連鎖がどのようになっているのか、「従属節—主節」という見方から離れたモデルでの分析は、まだ十分に行われていない。その口語的な節の連鎖から、書き言葉へと整理される際に、どのような違いが現れるのだろうか。

また、『源氏物語』のような古典的な言語における複雑な「文」と、現代語に至るまでの歴史的な変遷は、「従属節—主節」という見方から離れると、どのように再分析可能なのだろうか。他の言語と同じなのか、それとも何か違いがあるのだろうか。

私はここ数年、中国語の複雑な「一つの文」の節の連鎖の仕方が、日本語や英語などと違った仕組みであることに着目した研究を行ってきた。日本語に関してもまだまだ検討課題は多いだろうと思う。

＊読書案内

・ディアドリ・ウィルスン、ティム・ウォートン著、今井邦彦編『最新語用論入門12章』（大修館書店、二〇〇九年）

語用論の入門書としては、すでに紹介した今井邦彦、西山佑司『ことばの意味とはなんだろう——意味論と語用論の役割』もあるが、比較的新しい語用論を扱うわかりやすいものとしては、こちらもよい。

おわりに

ここまで、「文とは何か」を巡って、様々な角度から検討を加えてきた。最後にもう一度、本書で展開した議論をまとめてみよう。

文の根幹は「主語＋述語」ではなく、「述語」である。述語には主に、名詞、形容詞、形容動詞、動詞が立つ。が、「犬！」のような名詞だけの文や、「本当に」のような修飾語と見られるようなものだけのものも、「文」から何かが省略されたものではなく、「文」であると考える。私は「犬！」や「本当に」のような断片的なものも、それだけで「文」になる場合には述語と認めてよいのではないかと考えている。

その述語を中心として、語が次々に合体していき、長い「文」になる。述語以外でもっともよく出てくるのが主語であり、その次に出てくるのが目的語である。この三要素が、人間が言語化するうえでもっとも重要な情報だと言える。それ以外に「文」の骨格を作るのが、「格」を持った名詞句で、日本語の場合「公園で」「彼女に」「池袋から」などの格助詞を伴うものになる。

人間はまた、主観も表すし、「文」によって対人コミュニケーションも行うから、それらの要素も日本語では助動詞や助詞として登場する。前半では学校で学習した文法に沿って「文」について考えたが、その意義を多少なりとも理解していただけただろうか。

次に「言語と言語外の世界（事実、真理）を一致させたいという欲望」が言語の分析において広く存在していることを指摘した。本書では言語とはそもそも世界と一致するものではなく、「必要なことを必要なだけ」表すものだという観点から、文法を再考することを提案した。一般向け書籍としての性格から、専門的な議論は避けているが、今後、さらに明らかにしていきたいと考えている。

本書では、このほかにも、生成文法や意味論、語用論、テクスト言語学など、言語学の諸分野の考え方から「文」とは何かについても紹介している。興味がある方は、これらの諸分野をさらに深掘りしていただければ幸いである。

そして、私が精力的に取り組んでいるのは、「個別の言語は表現を縛る」という問題である。本書ではそのうち、複雑な文が日本語でどのように組み立てられているかについて言及した。「一つの文」にするとは、日本語においてどのような単位が「一つのまとまり」とされているのか、ということである。その一端を明らかにすることができたのではないだろうか。

私はもともと、小説の言葉に魅了され、その言葉の魅力を明らかにするには、言語学を勉強すればいいのではないかと思った。だが、既存の小説言語を説明するには不十分であることがわかった。そこで小説言語を分析する言語学的な研究をすることになった。

その過程で、言語学の諸理論の背後にある思考法も気になりだした。基本的には、西洋的な知の枠組みによってそれは形作られていることもわかった。その自明性を疑うところから、何か面白い理論が作れるのではないかと思っている。本書は、私のこれまでの仕事の導入でもあり、今後の仕事への導入でもある。

本書は、光文社新書の古川遊也氏の依頼を受けてスタートした。依頼内容としては、文章術のような本を書いてほしいということだったので、お断りしようとしたのだが、いつの間にか何か書くことになっていた。「さすがにこんなに固い内容じゃ企画が通らないだろう！」

と自信をもって原稿を作成したが、なぜか出版されることになった。出す以上は多くの人に手に取ってもらいたい。そして言葉の魅力の発見に少しでもつながってほしい、と願っている。

橋本陽介

主要参考文献

会田貞夫・中野博之・中村幸弘編著（二〇〇四）『学校で教えてきている現代日本語の文法』右文書院

阿部潤（二〇一七）『生成文法理論の哲学的意義――言語の内在的・自然主義的アプローチ』開拓社

飯田晴巳・沖森卓也ほか（二〇一三）『品詞別学校文法講座 第1巻 品詞総論』明治書院

庵功雄（二〇〇七）『日本語におけるテキストの結束性の研究』くろしお出版

池上嘉彦（一九八一）『「する」と「なる」の言語学――言語と文化のタイポロジーへの試論――』大修館書店

池上嘉彦（一九九二）『詩学と文化記号論』講談社学術文庫

池上嘉彦（二〇〇七）『日本語と日本語論』ちくま学芸文庫

大木一夫（二〇一七）『文論序説』ひつじ書房

小野尚之・近藤真・藏藤健雄・松岡和美・藤本幸治編（二〇一四）『生成文法の軌跡と展望』金星堂

大島資生（二〇一〇）『日本語連体修飾節構造の研究』ひつじ書房

沖森卓也（二〇一七）『日本語全史』ちくま書房

影山太郎（一九九六）『動詞意味論――言語と認知の接点――』くろしお出版

金珍娥（二〇一三）『談話論と文法論 日本語と韓国語を照らす』くろしお出版

金智賢（二〇一六）『日韓対照研究によるハとガと無助詞』ひつじ書房

金水敏・今仁生美（二〇〇〇）『意味と文脈』（現代言語学入門4）岩波書店
定延利之（二〇一六）『コミュニケーションへの言語的接近』ひつじ書房
定延利之（二〇一九）『文節の文法』大修館書店
白川博之（二〇〇九）『「言いさし文」の研究』くろしお出版
須賀一好・早津恵美子編（一九九五）『動詞の自他』ひつじ書房
竹林一志（二〇〇七）『「を」「に」の謎を解く』笠間書院
田中寛（二〇一〇）『複合辞からみた日本語文法の研究』ひつじ書房
日本語記述文法研究会（二〇〇九）『現代日本語文法2　格とヴォイス』くろしお出版
日本語記述文法研究会（二〇〇八）『現代日本語文法6　第11部　複文』くろしお出版
中村芳久（二〇一九）『認知文法研究　主観性の言語学』くろしお出版
野田尚史・益岡隆志・佐久間まゆみ・田窪行則（二〇〇二）『日本語の文法4　複文と談話』岩波書店
野村剛史（二〇一九）『日本語「標準形」の歴史』講談社選書メチエ
西山佑司（二〇〇三）『日本語名詞句の意味論と語用論——指示的名詞句と非指示的名詞句』ひつじ書房
今井邦彦・西山佑司（二〇一二）『ことばの意味とはなんだろう——意味論と語用論の役割』岩波書店
仁田義雄（一九九一）『日本語のモダリティと人称』ひつじ書房
仁田義雄編（一九九五）『複文の研究』（上）（下）くろしお出版

橋本陽介（二〇一四）『物語における時間と話法の比較詩学』水声社
畠山雄二編（二〇一二）『日英語の構文研究から探る理論言語学の可能性』開拓社
畠山雄二編・岸本秀樹他（二〇一四）『ことばの本質に迫る理論言語学』くろしお出版
堀江薫、プラシャント・パルデシ（二〇〇九）『言語のタイポロジー』研究社
前田直子（二〇〇九）『日本語の複文—条件文と原因・理由文の記述的研究』くろしお出版
益岡隆志（一九九一）『モダリティの文法』くろしお出版
益岡隆志（一九九七）『複文』くろしお出版
益岡隆志編（二〇〇四）『主題の対照』くろしお出版
丸田忠雄・須賀一好編（二〇〇〇）『日英語の自他の交替』ひつじ書房
南不二男（一九七四）『現代日本語の構造』大修館書店
山梨正明（二〇一五）『修辞的表現論—認知と言葉の技巧』開拓社
山田孝雄（一九三六）『日本文法学概論』宝文館出版
山梨正明（一九九二）『推論と照応』くろしお出版
山梨正明（一九九五）『認知文法論』ひつじ書房
山梨正明（一九九七）『自然論理と日常言語—ことばと論理の統合的研究』ひつじ書房
山梨正明（二〇〇九）『認知構文論—文法のゲシュタルト性』大修館書店

楊凱栄（二〇一八）『中国語学・日中対照論考』白帝社

吉田妙子（二〇一二）『日本語動詞テ形のアスペクト』晃洋書房

日本語以外

De Beaugrande, Dressler,R (1981) Introduction to text linguistics, Longman.（池上義彦・三宮郁子・川村喜久男・伊藤たかね共訳『テクスト言語学入門』紀伊國屋書店、一九八四年）

Brown, P. Levinson, S (1987) Politeness : Some Universals in Language Usage. Cambridge University Press（田中典子監訳、斉藤早智子・津留崎毅・鶴田庸子・日野壽憲・山下早代子訳『ポライトネス―言語使用における、ある普遍現象』研究社、二〇一一年）

Carnap, R (1948) Introduction to semantics. Harvard University Press（遠藤弘訳『意味論序説』紀伊國屋書店、一九七五年）

Dixon, R (1994) Ergativity. Cambridge University Press（柳沢民雄・石田修一訳『能格性』研究社、二〇一八年）

Deutscher , Guy (2011) Through the language glass : why the world looks different in other languages, Arrow books.（椋田直子訳『言語が違えば、世界も違って見えるわけ』インターシフト、二〇一二年）

Fodor,J. Bever,G. Garrett,M (1974) The psychology of language:an introduction to psycholinguistics and generative grammar（岡部慶三・広井脩・無藤隆訳『心理言語学―生成文法の立場から』、一九八二年）

Givón, T (1979) Discourse and Syntax, Academic Press.

Givón, T (1989) Mind, Code and Context : essays in pragmatics, Lawrence Erlbaum Associates

Givón, T (1995) Functionalism and grammar, John Benjamins Publishing Company.

Givón, T (1997) Grammatical Relations : a functionalist perspective, John Benjamins Publishing company.

Grice,P. (1989) Studies in the way of words. Cambridge, Mass. : Harvard University Press（清塚邦彦訳『論理と会話』勁草書房、一九九八年）

Halliday, M. Hasan,R (1976) Cohesion in English.Longman（安藤貞雄・多田保行・永田龍男・中川憲・高口圭転訳『テクストはどのように構成されるか―言語の結束性』ひつじ書房、一九九七年）

Hopper,P, Traugott,E (1993) Grammaticalization, Cambridge University Press（日野資成訳『文法化』九州大学出版会、二〇〇三年）

Katz, J (1966) The philosophy of language. Harper & Row（西山佑司訳『言語と哲学』大修館書店、一九七一年）

Lund, N (2003) Language and Thought. Routledge（若林茂則・細井友規子訳『言語と思考』新曜社、二〇〇六年）

Mey, J (1993) Pragmatics : an introduction, Cambridge, Mass: Blackwell（澤田治美・高司正夫訳『ことばは世界とどうかかわるのか―語用論入門』ひつじ書房、一九九六年）

Ogden, C. Richards, I (2001) The Meaning of Meaning: A Study of the Influence of Language upon Thought and of the Science of Symbolism. Routledge（石橋幸太郎訳『意味の意味』新泉社、二〇〇一年）

Putnam,H (1975) The Meaning of "Meaning", University of Minnesota Press.（大出晁監修、藤川吉美編・訳『精神と世界に関する方法—パットナム哲学論集』紀伊國屋書店、一九七五年）

Tomasello ,M. (1999) The cultural origins of human cognition. Cambridge, Mass. : Harvard University Press.（大堀壽夫・中澤恒子・西村義樹・本多啓訳『心とことばの起源を探る—文化と認知』（シリーズ 認知と文化 4）、勁草書房、二〇〇六年）

Tomasello, M (2014) The new psychology of language. Volume 1 : cognitive and functional approaches to language structure 大堀壽夫・秋田喜美・古賀裕章・山泉実訳『認知・機能言語学—言語構造への10のアプローチ』（研究社、二〇一一年）

Выготский, Л (1934) Мышление и речь. Государственное Социально-экономическое издательство（ヴィゴツキー著、柴田義松訳『思考と言語』新読書社、二〇〇一年）

孙海英（二〇〇九年）『汉日动词谓语类非限制性定语从句对比研究』黑龙江人民出版社

橋本陽介（はしもとようすけ）

1982年埼玉県生まれ。お茶の水女子大学基幹研究院助教。慶應義塾大学大学院文学研究科中国文学専攻博士課程単位取得。博士（文学）。専門は、中国語を中心とした文体論、テクスト言語学。著書に、『7カ国語をモノにした人の勉強法』『使える語学力　7カ国語をモノにした実践法』（以上、祥伝社新書）、『使える！「国語」の考え方』（ちくま新書）、『日本語の謎を解く　最新言語学Q&A』（新潮選書）、『物語論 基礎と応用』（講談社選書メチエ）、『ノーベル文学賞を読む　ガルシア=マルケスからカズオ・イシグロまで』（角川選書）、『中国語実況講義』（東方書店）など。

「文《ぶん》」とは何《なに》か　愉《たの》しい日《に》本《ほん》語《ご》文《ぶん》法《ぽう》のはなし

2020年8月30日初版1刷発行

著　者 —— 橋本陽介

発行者 —— 田邉浩司

装　幀 —— アラン・チャン

印刷所 —— 萩原印刷

製本所 —— ナショナル製本

発行所 —— 株式会社光文社
東京都文京区音羽1-16-6（〒112-8011）
https://www.kobunsha.com/

電　話 —— 編集部03（5395）8289　書籍販売部03（5395）8116
業務部03（5395）8125

メール —— sinsyo@kobunsha.com

ISBN 978-4-334-04488-6

1080
クワバカ
クワガタを愛し過ぎちゃった男たち
中村計

「クワバカ」とは、クワガタを愛し過ぎて、人生を賭してしまった男のこと。そんな男たちの人生を生き生きと描く傑作〝昆虫〟ノンフィクション、ついに刊行。クワガタ沼へようこそ！

978-4-334-04487-9

1081
新型コロナから見えた日本の弱点
国防としての感染症
村中璃子

世界の多くの国で、新興・再興感染症は国防の要である。WHOでの勤務経験を持つ医師・ジャーナリストが、新型ウイルスとの闘いを外交・国防、ビジネスの観点から捉え直し伝える。

978-4-334-04489-3

1082
「文」とは何か
愉しい日本語文法のはなし
橋本陽介

なぜ文法の授業はつまらないのか？　本書は「文」とは何かというそもそもの話から論を起こす。誰もが退屈さを覚えた「文法」について、若き研究者がイメージを一新する。

978-4-334-04488-6

1083
面白いことは上司に黙ってやれ
日本発の新ビジネスを生み出すには？
春日知昭

日本で創造的なビジネスがうまくいかない理由とは？　ソニーでAIBOの開発などに携わったロボット開発者が、日本が世界で再び存在感を示すための考え方を記す。【松尾豊氏推薦！】

978-4-334-04490-9

1084
おとなの発達障害
診断・治療・支援の最前線
岩波明監修　小野和哉
林寧哲　柏淳ほか

ADHD、ASD、ADHDとASDの併存、発達障害と愛着障害との関連、二次障害、就職・仕事——臨床医・支援者が、最新の知見に基づき、皆さんの困りごとに答えます。

978-4-334-04491-6